U0574729

本书献给我的博士导师卢洪友教授和我的家人。本书的主要思想形成于与卢洪友教授对"绿色发展"的讨论交流，也得益于家人们对我热爱的研究事业的全力支持。

本书获安徽生态与经济发展研究中心资助出版

许文立

——

著

推动
绿色发展

中国环境
宏观经济理论与政策研究

TUIDONG
LÜSE FAZHAN

ZHONGGUO HUANJING
HONGGUAN JINGJI LILUN
YU ZHENGCE YANJIU

社会科学文献出版社
SOCIAL SCIENCES ACADEMIC PRESS (CHINA)

前　言

2021年是"十四五"规划开局之年，"十四五"时期是实现2035年远景目标奠基性的五年，也是推动高质量发展、打好"污染防治攻坚战"的关键五年。因此，作为高质量发展重要内容的绿色发展和"三大攻坚战"重要内容的生态环境治理也迎来了一场重要的"考试"。生态环境领域的市场失灵必然要求"备考"侧重于政府的引导性作用，而在2008年全球金融危机压缩了传统货币政策空间的背景下，有效的财税政策、非传统货币政策、金融政策及其政策绿化等"考出"优秀成绩的政策措施则成为最重要的"知识点"。2016年，党中央、国务院批准并由中国人民银行牵头制定并发布了《关于构建绿色金融体系的指导意见》，我国成为全球首个由中央政府推动构建绿色金融体系的国家。2019年，财政部污染防治和生态文明建设领导小组全体会议要求，要深入贯彻绿色发展理念，切实承担起财政支持和打好污染防治攻坚战的政治责任，不断完善财政政策措施，支持抓好环境治理和生态保护修复工作，促进生态环境质量持续改善。在尊重市场规律、发挥市场机制在资源配置中的决定性作用、更好发挥政府作用的有力推动下，环境宏观经济政策已成为实现从"绿水青山"到"金山银山"的重要桥梁和转化器。为此，正确认识宏观经济动态、宏观政策与绿色发展之间的关系具有重要意义。

宏观经济理论需要绿化

宏观经济理论为宏观经济运行与长期发展实践提供了方向。从宏观经济学的理论来看，亚当·斯密认为政府作为市场的"看门人"，仅仅应在国防、司法与公共设施建设等方面发挥作用。理查德·阿贝尔·马斯格雷夫提出，"资源配置、收入分配和经济稳定"是财政的三大职能。阿瑟·塞西尔·庇谷虽然提出了用征收矫正税的方式来解决污染所带来的负外部性问题——这就是环境税的设计与实施基础，但生态环境问题也只是作为例子用于分析和讨论外部性问题。20世纪六七十年代，环境与经济增长的研究也主要建立在这一微观基础上。然而，宏观经济学理论并没有将生态环境问题放在重要位置，更没有将绿色发展作为宏观政策的调控职能。因此，宏观经济学的理论需要绿化。

生态环境问题和相应的市场失灵是微观经济学理论的重要研究内容。经济学家普遍认为，环境问题是稀缺性环境资源缺乏价格信号所导致的。因此，经济学家建议引入排污费等作为替代的价格信号。一旦价格机制有效发挥作用，污染者就面临着价格约等于边际排污成本的约束，该约束促使污染者将边际社会成本内部化，污染问题自然就被"看不见的手"解决。因此，环境问题的传统解决方法就是找到环境资源的"正确价格"。在此微观理论指导下，宏观经济政策中的财政政策仅仅是征收环境税和清洁活动补贴。但这可能忽略了宏观经济政策与环境之间的相互影响及传导机制，从而使宏观经济政策设计遗漏重要的绿色经济反馈效应，这就会使宏观经济政策变成"灰色"甚至"黑色"。因此，从微观经济学理论来看，财政理论也需要进一步绿化。

在主流宏观经济理论中，梅纳德·凯恩斯提出以逆周期宏观经济政策来实现充分就业；罗布特·索洛的外生增长理论中没有体现出生态环境的作用；罗默的内生增长理论也只是强调内生技术变化对经济长期增长的关键作用。宏观经济政策的设计与实施只是为了实现就业、价格等短期经济稳定，促使资本、劳动与技术之间优化配置从而实现长期经济增长。基于此，政策的宏观经济目标是实现充分就业、物价稳定、长期经济增长。在这一理论指导下，财税、货币、金融等政策的宏观调控职能自然也不会关注生态环境因素。因此，主流宏观经济学理论更需要绿化。

我国宏观经济政策的"绿色度"

按照我国目前的人均 GDP 测算，结合世界其他国家的环境库兹涅茨曲线（Environmental Kuznets Curve，EKC）经验，中国已处于 EKC 拐点右边。实际上，我国某些环境指标确实在不断改善：20 世纪 90 年代的酸雨已经得到解决；最近 20 多年中国累计节能量是全球总节能量的 58%；中国可再生能源装机容量占全球总量的 24% ~ 25%，近几年的增量部分占全球增量的37% ~ 42%；等等。

采用动态随机一般均衡（DSGE）模型对我国财政政策的污染物减排和经济发展效应的研究结果显示，我国财政政策也是影响环境质量和经济发展的重要因素。在同时存在财政支出变动和税收变动情形下，财政支出变动能解释污染物排放量变动的 95.85%。其中，虽然在政府安排环境财政支出时，经济产出提高约 0.1%、污染物排放量下降约 1.3%、污染物存量下降约 1.4%，但总的财政支出增长会立即引起污染物排放量的增加，财政支出结构中非环境财政支出也具有明显的污染效应。

从税收政策来看，在 DSGE 模型中只有税收变动（包括坏境税和所得税）时，环境税变动可以解释污染物排放量变动的 54.6%，而所得税变动能解释污染物排放量变动的 45.4%。这说明，所得税政策也是影响污染物排放量的重要因素。卢洪友和许文立（2015）对 601 家上市公司 2010 ~ 2013年的企业所得税与环境责任得分所做的回归分析结果表明，企业实际所得税的上升会使企业环境责任获得更高得分，即企业实际所得税每上升 1 单位，企业环境责任得分提高 2.16 ~ 2.53 分。同时还发现，对于污染性行业的企业来说，其环境责任与实际税负没有显著的关系；非污染性行业的企业环境表现与实际税负则呈现正相关关系。

值得注意的一个财政预算问题是，当财政减排支出用于补贴企业的自主减排行为而非用于政府直接减排时，例如政府将原本用于购买污染治理设施和聘任相关人员等的经费来补贴企业购买污染减排设备或者使用更加清洁的生产技术时，经济总体产出会提高 0.18%，而污染物排放量会降低 2.54%，污染物存量也会降低 2.56%。而另一个重要的财政预算问题则是，财政减排支出的资金来源是环境税费专款专用，还是从一般公共预算中安排。DSGE 模型的定量结果显示，一般公共预算的财政减排支出能使减排与产出增长的"双重红利"效应更大。

综上所述，我国财政政策的"绿色度"并不理想。究其原因，主要体现在如下几个方面。其一，财税体制改革定位于引领经济发展，不具备改善环境质量的功能。其二，绿色税制改革未触及更广泛的税制绿化，尤其是所得税、商品税等非环境税的绿化。《中华人民共和国环境保护税法》于 2018 年正式施行，开征环境税是一个很好的开端，下一步还需要考虑如何设计与实施增值税、所得税、消费税和关税等针对清洁型要素和产品的差异化税收政策。其三，污染补贴过多，必然导致清洁激励不足。目前，我国环境财政支出规模较小，仅占到一般公共支出的 2.5% 左右，占国内生产总值的 0.6% 左右。其中，财政对重污染企业尤其是石油、钢铁、化工等产业领域的企业，仍有较大规模的补贴，而对清洁生产和污染减排的企业激励不足。其四，税收政策与支出政策相互掣肘，致使绿色发展绩效不彰。环境税在短期内会增加企业的边际成本，同时因为清洁要素补贴过少而导致企业做出减产决策，进而减缓经济增长，从而付出较大的污染物减排代价。

通往绿色发展的桥梁——环境宏观经济与政策

无论从宏观理论还是实际宏观经济运行与政策层面上看，目前我国宏观经济政策的"绿色度"还有待提高。

第一，基于绿色宏观经济与政策理论，转变财税、货币金融体制改革定位，加强绿色发展理念。绿色宏观经济与政策理论应该将绿色发展作为宏观经济调控的职能。绿色发展职能是生态环境与经济发展的协调统一，宏观经济理论机制中应该有所体现：（1）通过宏观经济政策所产生的激励约束，促使资源在人力资本、物质资本和自然资本之间以最优的方式合理配置，从而影响绿色生产；（2）宏观经济政策能使宏观经济扩张或收缩，并通过债务、社会保障、资源和污染税以及环境治理支出等途径影响环境成本收益的代际转移，进而影响绿色跨期消费。宏观经济政策的绿色发展职能也与绿色的新发展理念相一致，为推动我国高质量发展充当风向标。

第二，财政政策方面，提高主要税种的"绿色度"，深度绿化税收体制。一方面，增值税、所得税、消费税和关税等主要税种以差异化的税收政策——差异化税率、加速折旧等——来对污染型与清洁型要素和产品征税，其调整与改革会改变生产生活方式，深远影响我国经济社会发展，从而使我国走上一条环境与经济协调发展之路。另一方面，为了更大限度体现环境税的作用，应该扩大环境税的征税范围，提高税率。在保持宏观税负不变的情况下，在环境税收入增加的同时可适当降低非环境税税率及其收入。

第三，减少环境损害型支出，增加环境友好型支出。在经济转型升级、结构调整过程中，也应逐步调整对污染行业尤其是重污染行业的补贴和信贷优惠，从无条件补贴和优惠转向绿色生产补贴和绿色信贷；减少农业污染补贴，例如化肥、农药等的补贴，增加农业生产技术培训等公共产品的供给；加大绿色技术创新补贴力度，提高自主减排奖励。

第四，统筹宏观经济政策与环境政策，加强两者之间的协调配合。绿色宏观经济政策改革不仅体现在宏观经济政策、环境政策各自内部的协调和统一，也需要宏观经济政策与环境政策的协调统一。例如，环境税收政策虽能提高了污染型要素、产品生产和消费的成本，但其也会减少经济总体生产和消费，从而使得改善环境的经济成本较高。而支出政策虽可以促进清洁型要素、产品生产和消费，但如果污染型要素、产品生产和消费边际成本较低，环境质量也得不到改善。因此，税收政策和支出政策配合使用才能以最经济的方式改善环境质量。此外，对某些不可测量或者测量成本很高的隐蔽性污染的整个生产和消费过程征税，同时对清洁型要素和产品给予补贴，也能降低交易成本，实现绿色发展目标。

目 录

CONTENTS

第一章　绪论

人们常常将自己周围的环境当作一种免费的商品，任意地糟蹋而不知加以珍惜。

——〔美〕甘哈曼：《第四次浪潮》，1984

第一节　研究背景

18 世纪末 19 世纪初，即托马斯·罗伯特·马尔萨斯（Thomas Robert Malthus）的巨著《人口原理》（*An Essay on the Principle of Population*）诞生以来，资源稀缺问题一直受到社会的广泛关注。马尔萨斯预言，随着人口快速增长，食物会变得越来越稀缺，最终导致饥饿与死亡。而另一本环境巨著《寂静的春天》则从人类赖以生存的环境入手，让现代社会认识到环境恶化趋势的紧迫性。从 20 世纪七八十年代开始，越来越多的人对资源环境问题产生浓厚的兴趣，这主要是因为很多人认为人类正走在资源环境的"不归之路"。现代生态学家认为，资源环境承载力有限，但是人类的无限欲望使得人类正在迫近甚至超过这一承载能力。自然资源过度开采，环境质量日益恶化，生态系统遭到破坏，将给人类带来无穷的灾难。

在本书中，环境指的是自然环境，包括自然资源与生态系统提供的商品和服务（见表 1-1），例如，化石能源、水、空气等。环境越来越被人们当作一种有价值的资产，随着技术、信息和相对稀缺性的变化，环境资产价值也随之变化。在经济学中，价格被理解为一种商品或资产的稀缺租金，因此，任何有价格的环境资产都是稀缺的，但没有价格的环境资产是否就不稀缺呢？答案显然是否定的，因为有些环境资产价值无法估计，它们不能通过在市场中进行交易来反映其稀缺性。

表 1-1　生态系统商品和生态系统服务

生态系统商品	生态系统服务
金属矿物质（如铜、铁、铝等）	水净化
非金属矿物质（如石灰石、稀土等）	气候调节
化石能源（如石油、煤、天然气）	疾病、腐蚀控制
野生物种（食材、药材、景观）	栖息地的提供
植物（草、树木）	养分转移
水	能量流（太阳能、水能和风能）
空气	洪暴防治
土壤	户外娱乐资源（钓鱼、登山）
遗传物质	审美资源

资料来源：Brown，Bergstrom，Loomis，2007。

　　稀缺性与环境的属性有关，而环境又具有数量、质量、时间和空间等多维度属性。例如，空气中的氧气，在全球任何一个地方都可以获得，并且相对于人们的需求量来说，氧气是用之不尽的，而且它是免费的。但是，当去西藏等高原地区或深海游玩时，由于氧气稀薄，额外携带氧气就需要为其支付价格，有时甚至价格昂贵。另一个极端的例子就是在中国的天宫一号空间站中，由于空间密闭，氧气非常少，氧气的流动与供给受到最初可获得量以及制氧储备的严格限制，随着时间流逝，氧气的供给会减少。

　　一般来讲，自然资源与生态系统提供的商品和服务是有限的。2002～

2013 年中国铜矿石、铁矿石、铝矿石和玻璃硅质原材料储量基本没有变化；盐矿储量近几年出现较大幅度下降；煤炭储量基本呈下降趋势；石油和天然气的储量则出现增长，这是使用了新的勘探技术提高了开采效率带来的。因此，中国的主要矿产储量是有限的，有些矿产储量由于过快的消耗在不断下降。中国经济社会发展，也正在不断地加速消耗这些矿产，相对于不断增加的矿产需求，矿产的供给是有限的。因此，可以说中国的主要矿产已经表现出一定的稀缺性。

1961～2013 年，中国年均雾霾天数在 20 天左右，2013 年中国平均雾霾天数达到 29.90 天，这就是说，2013 年人们有一个月的时间生活在雾霾之中，如图 1-1 所示。

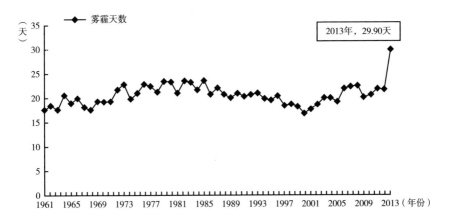

图 1-1　1961～2013 年中国平均雾霾天数

不仅中国如此，世界环境也正在不可逆转地损耗和退化，其生态产品和生态服务也日益变得稀缺。21 世纪以来生态系统比人类历史中任何时期都改变得更快，这些变化主要是为了应对不断增长的食物、淡水、木材和燃料的需求，其结果就导致了在生物多样性、生态系统产品和生态服务等方面大量不可逆转的损失。全球生态服务中大约有 5/8 的内容已经退化或者被不可持续地利用，这些生态服务包括提供淡水、空气和水的净化、局部和整个地区的气候调节，以及减轻自然灾害以及虫害（MEA，2005）。未来，预计生物多样性的损失率将会加速提升，从而导致1192种受威胁鸟类中的500种和1137种哺乳动物中的565种灭绝。

随着经济社会快速发展，中国的化石能源消费量越来越大，1953~2013年，中国煤炭、石油和天然气消费量如图1-2所示。煤炭是中国最主要的能源，占中国能源消费的70%左右，煤炭作为生活能源（用于做饭、取暖等）和工业能源（发电等），其消费量从1953年的5104.2万吨标准煤上升到2013年的247500万吨标准煤。石油和天然气消费也大幅度上升。随着我们生产更多的产品，消费琳琅满目的商品，建造更多更舒适的房屋，我们的经济快速增长，生活水平不断提高，我们对原材料和能源的消耗也在不断增长。能源消费与经济增长呈现较强的正相关性，从图1-2可以看出，中国改革开放后，经济飞速发展，能源消费也呈现加速增长态势，1998年亚洲金融危机和2008年全球金融危机使得中国经济增速放缓，能源消费增长也随之趋缓。

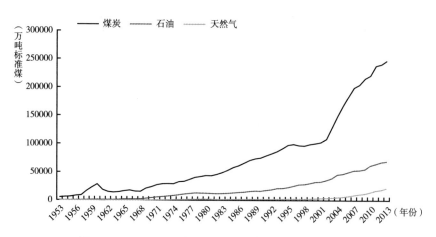

图1-2　1953~2013年中国煤炭、石油和天然气消费量

资料来源：中国统计局（NBSC）。

1953~2013年，中国的化石能源消费增长率远远高于人口增长率，人均化石能源消费量快速增长。根据相关研究及统计结果，美国在1900~2007年的能源消费情况也呈现相似的趋势，随着经济增长，人们生活水平的提高，人均能源消费量逐渐提高。随着世界其他国家工业化进程的推进，发达程度越来越高，这种情况也在其他国家发生。

比较合理的分析方法是将人均环境消费量在跨国或跨地区之间进行比较。如果一国或地区的人口较多而其人均环境消费量较低，而另一国或地区虽然人口较少，但是其人均环境消费量较高，那么这两个国家或地区的环境消费总量有可能相等。实际上，一个人口规模较小的发达国家或地区与人口规模大的不发达国家或地区相比较，其环境消费总量可能更大。欧美人的消费方式，使得占世界小部分比例的人口消费了全球大部分资源。例如，占世界人口6%的美国人消费了全球35%的资源。欧美国家虽然将高能耗、高污染产业转移至发展中国家，但这些产业所生产的产品却源源不断被欧美国家消费。国际能源署的统计数据显示，2011年，经济合作与发展组织（OECD）北美国家电力消耗5004TWh，人均电力消费10.58KWh；OECD西欧国家电力消耗3357TWh，人均电力消费6.05KWh，是当年全世界消耗电力最多的地区（卢洪友和许文立，2015）。

如图1-2所示，中国目前消费的能源大部分属于不可再生的化石能源。众所周知，化石能源是地球生物和非生物的碳氧物质循环产生的，而这个循环过程极其缓慢，目前所使用的煤炭、石油储量基本是几百万年前形成的。因此，在人类如此快的消耗速度之下，这些化石能源总有一天会枯竭。还有很多其他的资源与生态系统的产品和服务也面临这样的趋势。

随着时间的推移，经济社会发展和生活水平的提高，都会消耗更多的资源，同时人们都要求享受更优质的环境。人类肯定不能无限制地消耗不可再生资源与污染环境，而就目前的情况，这些足以解释为什么人们对环境与经济的协调发展如此关注。

专栏1-1　罗马俱乐部的《增长的极限》

受罗马俱乐部的委托，麻省理工学院（MIT）多名学者以计算机模型为基础，运用系统动力学对人口、农业生产、自然资源、工业生产和污染五大变量进行了实证性研究，并于 1972 年出版《增长的极限》。

通过该项研究，他们得出三个主要结论。

第一，在一百年的时间内，假如传统意义上控制世界发展的物理、经济或是社会关系没有发生主要的变化，我们的社会将用完赖以生存的不可再生资源。当资源被用尽后，经济体系会贸然崩溃，表现为大量失业、粮食产量下降，以及随着死亡率升高而造成的人口减少。没有平稳的过渡，没有逐渐减少的活动，而是整个经济体系不断消耗大量的资源直到这些资源一下子消失。这一体系的典型特征是过度消耗直至崩溃。

第二，利用离散的方法去解决单个问题不会成功。研究者将资源基数提高，得出了污染过多造成经济崩溃的结论。污染过多是工业的飞速发展所使用的资源过多所致。于是，该书作者认为如果能够设法将可耗竭资源和污染问题联系起来一起解决，人口增长就不会减缓，那么粮食的可获取数量便会成为束缚。

第三，研究表明只有通过立即限制人口的膨胀和减少污染以及停止经济增长才能避免过度消耗和社会崩溃。这样只有两种可能的结果：通过自我限制以及有意识地制定并实施政策来中断经济增长——这是一种阻止社会崩溃的方法，或是通过自然资源有限的冲突而引起社会崩溃来中断经济增长。因此，通过这项研究可知，不论是采取哪种方法，经济增长终会停止。

1992 年该书修订后再版表明，许多资源已经达到甚至超越了曾经估计的极限。鱼类被过度捕捞，森林在以前所未有的速度被砍伐，土地变得贫乏，许多城市的空气在危害人们的呼吸系统。但即使这样，该书作者也相信我们现在可以做出及时正确的选择来避免社会崩溃。

经济学研究稀缺问题——社会怎么配置有限的资源。运用经济学的理论来研究和解决环境稀缺性问题正是解决目前环境问题的重要渠道。那么，经济学中如何缓解或解决环境稀缺性问题呢？大部分经济学家认为，这个问题的答案就是价格。人们的经济活动对环境价格做出反应，如果环境价格存在，且在价格机制运行良好的条件下，环境稀缺性会导致价格上升，人们面对上升价格的激励，会更少地消耗资源，保护生态环境，从而缓解甚至解决环境稀缺性问题。这就是说，环境越来越稀缺，会使得环境价格越来越高，从需求方面来讲，消费者面对不断上升的价格，会减少对化石能源和环境损害型产品和服务的消费，转向消费更加清洁的产品和服务；从供给方面来讲，生产商会去寻找新的原材料，会促进技术进步，以提高生产率来降低生产成本。

因此，面对价格激励人们会自动地采取缓解或解决环境稀缺性问题的措施。但是，众所周知，价格信号和机制在环境领域并没有很好地发挥作用，因而不能纠正环境负外部性等问题，从而造成严重后果。环境学家将环境退化当作经济增长的必然结果，他们认为市场经济以利润最大化为导向，这就会把环境资源当作无价值的东西或免费的产品，在市场中环境资源价格为零。那么，如何去配置具有公共品属性的环境资源呢？公共经济学也许能给出一种解决方法。

专栏1-2 环境问题的无奈之举：环境公共治理

作为世界上第一个工业化国家，英国不仅率先享受了工业革命带来的经济繁荣、富足与便利，而且首次尝到了环境污染的苦果。1873~1892年，"雾都"伦敦就发生了5次严重烟雾事件，有3000多人因此丧生；因污水横流，19世纪中叶以后泰晤士河就成了一条阴沟；1819~1854年，约有2.5万人死于霍乱；1861年又有大量的人死于伤寒。但是，长期的惨痛教训却没有唤起人们的觉醒，直到1952年12月5~9日，英国伦敦发生重大的"烟雾事件"，在短短的5天时间里，就导致4000多人死亡，该事件总共造成1.2万多人丧生。这次史无前例的巨大环境污染代价，才换来了1956年《清洁空气法案》的诞生，并由此极大地推动了英国环境公共治理的进程。

后起的工业大国美国，也曾因工业排放、汽车尾气等造成了严重的大气污染。1952 年和 1955 年，洛杉矶一带大气臭氧浓度高、光化学烟雾重，两次造成几百位老人死亡的环境事件。日本在工业化时期也曾饱受污染之苦，在世界"八大公害事件"中，就有 4 个发生在 20 世纪五六十年代的日本。印度选择的同样是"先发展后治理"的发展模式，1984 年发生了震惊世界的"博帕尔事件"，瞬间死亡人数达 2259 人，当地政府确认和气体泄漏有关的死亡人数达 3787 人，还有大约 8000 人在接下来的两个星期中丧命，另外还有大约 8000 人因为气体泄漏而死亡。自 1984 年起，印度环境公共治理理念及制度建设才开始发生转折性变化。

资料来源：卢洪友和许文立，2015。

英国的《清洁空气法案》主要是推进减少煤炭用量，政府大规模改造城市居民传统炉灶、推行冬季集中供暖等。从 1963 年开始，美国颁布了一系列联邦法律，使空气污染规章政策从地方政府的倡议变成一项国家计划。1963 年美国通过的《清洁空气法案》规定，联邦政府为空气污染治理提供拨款；1965 年颁布的《机动车空气污染控制法案》，批准了机动车排放的联邦标准；1967 年颁布的《空气质量法案》，将保护和提高全国空气资源质量，提高公共健康、福利和国民生产力，作为美国空气污染控制的政策目标。在日本，1967 年出台了《公害对策基本法》，以后又陆续出台了《大气污染防治法》《噪音规制》等，1970 年通过了与公害对策相关的 14 项法案，1971 年设置了环境厅。德国、法国等其他工业化国家的环境公共治理之路与英国、美国、日本有许多相似之处。从历史上看，工业化国家的环境公共治理理论、环境规制、环境税费制度以及各种环境基本公共服务的提供、环境公共治理模式等，都是随着环境问题的产生而产生、随着环境问题的发展而发展的。

公共经济学主要关注税收与财政支出政策、公共部门与私人部门之间的边界以及政府与市场之间的关系。因此，环境公共经济学则主要探讨如下几个问题：面对环境问题，政府应该在什么情形下以及应该采取怎样的方式干预环境市场？当消费者和企业的经济活动导致环境退化，应该如何设计公共政策来进行干预？环境政策应该如何在效率与公平之间做出权衡？

在环境公共经济学的历史中，第一个系统地将外部性作为引入公共政策的理由的是著名学者庇古（Pigou，1929）。他的一些思路来源于马歇尔的早期研究，在 1912 年的《财富与福利》（*Wealth and Welfare*）提出这一思想，并在 1920 年的《福利经济学》（*The Economics of Welfare*）中进行了系统阐述。庇古分析了许多"社会和私人收益"偏离的案例，例如，在大城镇中，工厂排放的浓烟会对社区造成损害，对建筑和蔬菜造成伤害，并会增加清洗衣服和清洁房屋的成本、提供额外照明的成本以及其他一些成本。这个例子是一个负外部性的例子。在此基础上，他提出使用税收来使社会成本与私人成本一致。

尽管外部性理论的重要贡献者是 Meade 和其他一些经济学家，他们极大地推动了这一理论的发展，但是外部性理论并没有成为公共经济学的核心内容。在马斯格雷夫的著作中，庇古税仅被稍微提及。在约翰逊的著作中，虽然外部性作为一个单独部分来论述，但税收分析还是十分简要，既没有与许多税收政策问题结合，也没有涉及环境内容。

科斯（Coase，1960）甚至对外部性在公共经济学中的地位产生了怀疑，他强调了产权配置、责任划分以及契约对解决外部性问题的重要性。科斯认为庇古税仅仅关注了产权和法律的表面问题，对产权的重要性以及与公共所有权的无效性研究做出贡献的是哈丁。但是大多数的经济学家认为，并不是所有外部性问题都能用产权来解决。

环境经济政策及其对公共经济学的贡献在 1970 年前后快速发展。例如，两位杰出的经济学家——鲍莫尔和米德——以环境外部性为其关注的主题。随后，环境外部性被引入主流公共经济学研究中。Sandmo 对于将庇古税整合到次优税收理论中做出了杰出的贡献。随后，Goulder 提出的"双重红利"问题也利用了这一分析框架。Cropper 和 Oates（1992）则十分全面地综述了环境经济学的广泛内容，且 Mäler 和 Vincent 对此进行了更新。Sandmo（2000）所写的《环境公共经济学》（*The Public Economics of the Environment*）由牛津大学出版社出版，并于 2006 年进行再版发行。近些年来，关于环境公共政策的研究也越来越多，例如，Nordhaus（2015），Weitzman（1974，2009，2014）等。

第二节 研究意义及目标

1. 研究意义

财政是国家治理的基础和重要支柱，财政制度安排及财政体制机制设计是否科学合理直接影响国家治理能力。国家治理的范围包括政治、经济、文化、社会以及生态文明等各个领域。在现代市场经济条件下，市场在资源配置中起决定性作用，政府及其财政的基本职能是提供公共服务、矫正外部性。例如，大致均等化地向全体居民提供各种基本公共服务、矫正环境污染、维护生态环境平衡等。毫无疑问，通过财政体制机制的改革调整来促进绿色发展是政府的重要职责。生态文明是各种力量相互制约、交互作用、协调共生的结果，它并不是自然生态的"文明"状态，而是人类要以文明的方式来对待生态环境，说到底，就是人类要尊重自然、敬畏自然，人类要与自然和谐共生。生态环境质量（通常用污染程度或者污染指数来表示）属于公共品，而且是最普惠的民生福祉。然而，如同亚里士多德早在 2000 多年前所言，凡是属于最多数人的公共事务，却常常受到最少数人的照顾，人们关心自己的所有，而忽视公共事务，对于公共事务的一切，人们至多只留心其中与其个人相关的事务。18 世纪英国开启的工业文明，验证了亚里士多德的先见。环境作为公共品，如果没有外部条件或制度约束，生产者和消费者往往倾向于过度使用，使其效用最大化。然而，环境客观上是有承载力或忍耐力的，如果对个体使用、消费自然环境的行为不加以约束，久而久之，"个体理性"必将导致"集体非理性"结局，陷入环境"公地灾难"的困境——在一个国家（地区乃至全球）范围内，人们不得不为环境恶化、资源枯竭的恶果集体"买单"，并为之付出难以估量的经济、社会、健康等代价。"雾都"伦敦曾因空气污染造成数万人死亡，也曾因水污染而导致数以万计的人死于霍乱。美国、日本等其他工业国家屡屡发生"环境事件"，20世纪震惊世界的"八大公害"事件中有2个发生在美国，4个发生在日本。纵观人类社会工业史和环境史，因环境质量恶化或者说环境污染加剧所导致的经济发展停滞、社会动乱、物种灭绝、疾病及医疗负担增加、国民健康受损甚至大量人口死亡等灾难，迄今仍让人不寒而栗。

在中国粗放式高速工业化进程中，中国的生态环境的可持续性面临挑战。一方面，由环境风险引起的各种经济风险和社会风险迅速积聚；另一方面，面对错综复杂的生态环境问题，从治理理念、治理模式到相应的财政体制机制等，都需要适应绿色发展实践的要求。因此，本书选取宏观经济政策与环境政策为切入点开展研究。

2. 研究目标

本书的研究目标为在揭示宏观经济政策与环境政策对绿色发展影响的内在机理及传导机制，实证测度现行宏观经济政策与环境政策"绿色度"的基础上，研究构建一个规范、完整、激励约束兼容的绿色政策体系，以有效地矫正生态环境正负外部性，促进绿色发展。在逻辑上，这一研究目标分为三个层面：（1）在理论层面，揭示宏观经济政策作用于绿色发展的内在机理及传导机制；（2）在实证层面，评估、测度现行宏观经济政策体系对绿色发展产生的实际效果，定量评估宏观经济政策的"绿色度"；（3）在体制设计层面，从环境宏观经济视角，研究构建一个包括绿色发展在内的宏观经济政策与环境政策体系，以有效矫正生态环境正负外部性，并直接或者间接地传导给各市场经济主体及城乡居民户，促使其清洁生产、低碳消费，并使其形成长期稳定的合理预期，遏制中国不断扩大的生态赤字，维护生态平衡，促进经济社会与生态环境协调、可持续发展。

第三节　研究内容及框架

本书的主要内容包括三大部分：理论部分、实证部分以及体制设计部分，本书的逻辑框架如图 1-3 所示。

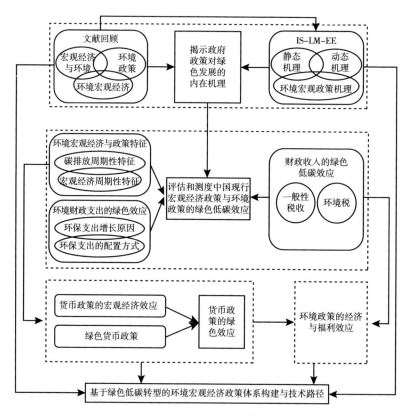

图 1-3　总体框架与逻辑关系

1. 理论部分：揭示政府政策对绿色发展的内在机理

政府政策作用于绿色发展的效应，可从不同的角度加以揭示。本书主要从揭示宏观经济政策与环境政策的绿色发展直接效应与间接效应入手，紧紧抓住宏观经济政策与环境政策两个核心内容，通过建立数理模型，刻画宏观政策作用于绿色发展的内在机理及传导机制。从具体研究内容来看有以下几个方面。

（1）本书从环境政策研究、环境宏观经济学研究以及宏观经济与环境三个方面回顾已有研究成果。从斯密，到马歇尔，到凯恩斯，到萨缪尔森，主流经济学理论一直忽视环境问题的经济影响，直到阿伦·尼斯在 20 世纪 50 年代末 60 年代初建立环境经济学，环境问题才开始进入经济分析主流领域，而其大部分研究属于微观经济范畴，试图寻找到资源环境的"正确价格"，通过价格机制来解决资源环境问题，并一直持续至今。1991 年，Daly 提出"环境宏观经济学"概念，Heyes（2000）提出"IS-LM-EE"框架，Lawn（2003）、Sim（2006）、Decker 和 Wohar（2012）进一步发展了这一框架。

（2）从 IS-LM 模型入手，将资源环境因素引入该模型，详细论述 IS-LM-EE 模型，并在该框架下详细探讨财政支出对环境-经济均衡的影响及其作用机理。

Heyes（2000）在 IS-LM 模型中引入一条环境均衡曲线 EE。在 IS-LM-EE 框架下，积极的财政政策例如财政支出的增长会使得 IS 曲线右移，由此形成的商品市场和货币市场均衡处于环境曲线 EE 的右上方，这就会引起环境恶化，因此在货币政策不变的情况下，必须改变环境规制，例如增加污染治理支出或者环境补贴，从而实现环境曲线 EE 右移，最终结果是产生环境友好的可持续经济扩张，其中隐含的重要的传导机制在于环境规制引起的波特效应和双重红利。

2. 实证部分：定量评估和测度中国现行宏观经济政策与环境政策的绿色低碳效应

本书将政策体系划分为宏观经济政策与环境政策，并分别分析两种类型政策的规模和结构。

（1）利用中国 1952~2015 年的碳排放量、国内生产总值及其他宏观数据，采用 ARIMA、ARCH 模型，实证测算碳排放量与宏观经济之间的相互关系，即碳排放和宏观经济的周期性特征。

（2）利用由 Baumol（1967）提出，并由 Acemoglu et al.（2008）改进的

非平衡增长理论，从供给端和需求端探讨引起环境财政支出增长的原因，并使用中国 2007～2015 年地级市的面板数据，实证测度中国环境财政支出的"鲍莫尔效应"和"恩格尔效应"。

（3）根据 Heyes（2000）、Lawn（2003）和 Sim（2006）的 IS-LM-EE 框架，本书扩展 Lopez et al.（2011）的理论模型，利用中国 2007～2015 年地级市污染排放量、财政支出以及其他经济数据，实证分析财政支出对环境的结构效应和规模效应，并将结构效应分解为直接效应、资本-污染替代效应、劳动-污染替代效应、税收效应和产出效应，估计中国财政支出体制的"绿色度"。除了财政政策，本书还讨论绿色货币政策，以及环境政策的经济增长与社会福利效应等相关问题。

3. 体制设计部分

第四节　研究方法与手段

1. 研究方法

本书的研究方法主要包括规范分析、实证分析。

（1）规范分析。主要是综合运用宏观经济学、公共经济学、发展经济学、环境经济学、福利经济学、制度经济学、公共管理学、社会公平理论、机制设计理论等相关学科的理论与方法，按照市场的决定性作用、社会的辅助性作用以及更好地发挥政府作用的基本原则，揭示财政支出对绿色发展的作用机理与传导机制。在此分析框架下，基于 Baumol（1967）、Acemoglu et al.（2008）、Heutel（2012）等的增长模型，考虑中国生态环境的正负外部性，并引入政府绿色财政支出责任，构建四部门 DSGE 模型，从理论上探讨最优或次优的中国绿色财政支出体制。

（2）实证分析。主要运用博弈论与信息经济学、计量经济学、环境经济学、数量生态经济学、动态财政学、内生增长理论等相关理论实证与经验实证研究方法，从动态和宏观角度来评估和测度中国现行财政支出体制的"绿色度"，在此基础上，将财政支出体制与环境因素引入经济增长模型，构建中国的绿色增长模型，校准和估计相关参数，定量分析财政支出体制对污染积累路径和绿色发展的动态影响。

2. 研究手段

针对本书的研究问题，主要采用回归分析、数值模拟等研究手段。

回归分析主要适用于评估和测度现有财政支出体制的"绿色度"。即以环境的相关指标为被解释变量，在考虑中国财政支出体制和生态环境外溢性的情况下，将宏观经济增长与财政支出的规模和结构作为核心解释变量，分别构建回归模型，估计相关效应系数。

数值模拟主要适用于本书所构建的环境动态随机一般均衡模型，并定量分析财政支出体制对中国绿色发展影响的动态调整路径。即在本书搭建的分析框架之下，将中国的财政支出体制和生态环境外部性纳入增长模型，构建最优或次优的绿色财政支出体制，结合现有财政支出体制"绿色度"和测算的相关参数，模拟财政支出体制对中国绿色发展的长期影响，以及短期动态调整路径。

第五节　本书的创新之处

1. 新视角

正如上文所述，自 Allen Kneese 在 1960 年前后创立环境经济学以来，国内外大部分相关研究（包括环境经济学教材）均属于微观经济学范畴，主要从外部性角度分析环境质量与居民、企业之间的相互影响，试图找到资源环境的"正确价格"，以价格机制解决环境问题。但从 20 世纪 70 年代开始，Keeler et al.（1971）、Forster（1973）和 Muler et al.（2011）以及其他学者开启了环境与经济的波动和增长的研究，例如，Daly（1991）正式提出"环境宏观经济学"的概念。直到 2010 年前后，环境宏观经济学尤其是环境政策的宏观经济效应才开始引起越来越多学者的关注，其中以 Heutel、Annicchiarico、Di Dio、Dissou 等为代表。因此，本书正是在环境宏观经济学视角下，将环境作为一个总体变量纳入经济增长模型，并引入环境公共政策和财政支出体制，从定性和定量两个方面深入探讨宏观经济动态和污染积累动态。

2.新方法

在环境宏观经济学的新视角下，传统的环境经济学研究方法——局部均衡方法已不再适用，因此，本书采用一般均衡方法来分析中国绿色财政支出体制问题。一般均衡方法的好处在于能较全面地揭示财政支出体制对绿色发展的作用机理和传导机制，在此基础上构建的动态随机一般均衡模型又能结合微观基础，并定量分析上述效应。从国内外文献来看，利用一般均衡方法研究环境问题的文献较少，其中尤以定性分析为主，而定性和定量分析相结合的研究更少，主要有 Fischer 和 Springborn（2011）、Heutel（2012）、Annicchiarico 和 Di Dio（2015）、Dissou 和 Karnizova（2016）、卢洪友和许文立（2015）。

第二章　环境经济学研究进展

> 如果说我比别人看得更远些，那是因为我站在了巨人的肩上。
>
> ——牛顿

第一节　环境与经济研究概述

20 世纪 60 年代之前，经济学家讨论环境问题时，均将其作为外部性概念的案例（Daly 和 Giertz，1975），大部分研究具有外部性的一般性特征，并没有显著的环境经济特色。从 20 世纪 60 年代开始，尤其是在 Kneese 系统研究了水污染、空气污染和其他形式的污染，并致力于用经济激励的方式来管理和改善环境质量之后，将经济学的理论和方法应用于环境问题分析变得越来越重要，环境经济学作为经济学的一个独立研究领域也正式确立。[①]

在环境经济学的研究主题中，环境管理相关的研究文献一直占据环境经济学期刊的"半壁江山"。Deacon et al.（1998）指出，环境管理类别的文章每年始终占据了 *JEEM* 总页数的 40%多。而环境管理类别的研究文献则包括污染和废物的控制、风险和不确定性、评价方法、损失和收益评估以及执行问题等。

Zivin 和 Neidell（2012）的研究发现地表臭氧浓度会显著影响农业工人

[①] 另一个标志着环境经济学正式成为一个独立的经济学研究领域的事件就是 1974 年环境经济与管理杂志（*Journal of Environmental Economics and Management*，*JEEM*）创刊。

的生产率。Chang et al.（2016）的研究表明 PM 2.5 浓度的提高会显著降低工厂内工人的包装速度。除了环境直接影响生产率，环境还会对人力资本或健康资本产生影响。Foster et al.（2009）指出，生产和生活过程所排放的污染气体和废物对人类健康会产生损害，工厂排放的污染物会对其附近的婴幼儿健康造成不利影响（Deschênes et al.，2009；Currie et al.，2015），类似研究还有 Chay 和 Greenstone（2003）、Currie 和 Neidell（2005）、Currie 和 Schmieder（2009）、Deschênes 和 Greenstone（2011）等。环境质量更差甚至有毒时，可能会引起人类死亡。因此，环境污染也会使死亡率上升（Ebenstein et al.，2015；Barreca et al.，2015）。此外，环境质量还会影响人的行为，例如投资行为（Saunders，1993；Heyes，2016）、母乳喂养行为（Keskin et al.，2017）、居民流动选择（Seskin，1973；Bayer et al.，2009）等。而 Ward 和 Beatty 还研究了不同类型的人群对环境的反应，结果表明面对环境污染警报，老年人最为敏感，并会做出减少外出活动的反应。

环境污染造成的危害到底有多大，其对应的经济损失是多少呢？这一问题也受到了环境经济学家的极大关注，他们测算环境污染造成的经济损失、社会成本等，还评估控制环境污染所需要花费的成本。Currie et al.（2015）研究了工厂排放的污染物对其周边房屋价值的影响，类似的研究还有 Chay和 Greenstone（2005）。Weitzman（2014）、Pindyck 则探讨了碳排放的社会成本。Deryugina et al.（2016）则估计了 PM 2.5 浓度上升所引起的医药成本的增加程度。有关污染控制成本的测算则主要从气候变化控制成本（Morgenstern，1991；Gaskins 和 Weyant，1993；Sohngen 和 Mendelsohn，1998）、CO_2 减排[①]成本（Manne 和 Richels，1991）、SO_2 减排成本（Bui，1998）、碳封存成本（Stavins，1999；Muller 和 Mendelsohn，2009；Muller et al.，2011）等方面进行研究。而由污染所产生的损害，或者由污染控制所产生的利益又会在不同经济主体间进行分配，因此，也有一些学者分析了环境污染或污染控制所产生的成本收益的分配状况，例如，Burtraw et al.

---

① 本书 CO_2 减排可简称碳减排，CO_2 排放可简称碳排放。

（2014）、Fabra 和 Reguant（2014）、Holland et al.（2016）等。需要注意的是，在成本收益测算的过程中，社会贴现率的选择十分重要（d'Arge et al.，1982；Weitzman，2013，2014）。

此外，还有几个重要的研究方向，包括清洁技术、影响污染或环境质量的因素、边界污染或跨界污染等。①有关清洁技术的研究包括国际清洁技术转移（Popp，2006；Popp，2011）、气候适应技术的作用（Miao 和 Popp，2014）以及采用清洁技术的行为影响（Gerarden et al.，2015）。②有关影响污染或环境质量的因素的研究，经济学家则从制度原因（Almond et al.，2009）、贸易与开放度（Elliott，2010；Jones 和 Olken，2010；Burgess 和 Donaldson，2010；Antweiler et al.，2001；Copeland 和 Taylor，1995；Chichilnisky，1994）、技术变化（Levinson，2009）等方面进行了详细的研究与探讨。③Sigman（2005）研究了美国州与州边界污染问题，他认为，水环境问题产生的原因可能是在州治理后产生了"搭便车"行为，从而使下游承担了上游的污染。但 Konisky 和 Woods 指出已有研究只能表明州界污染水平比州内高，但这可能是河流或其他原因造成的，不能证明是由州政府故意的"搭便车"行为造成的。此外，Kahn et al.（2015）、Cai et al.（2016）研究了中国的跨行政区域污染问题。

上述研究之所以评估环境污染的外部性程度，是因为外部性会扭曲资源配置，正如庇古（1929）指出，我们将错误数量的资源配置到一种产品中，是因为该产品的边际社会价值不同于边际私人价值。同理，环境外部性也会扭曲资源配置，但可以通过恰当的制度安排加以解决（Ayres 和 Kneese，1969）。经济学家深入研究了外部性的配置效应（Kneese，1971），也提出了解决外部性问题的两种制度安排，一种是传统的税收解决方案（Buchanan 和 Stubblebine，1962；Baumol，1972），另一种是产权解决方案（Coase，1960）。

第二节　环境政策相关研究

在过去半个世纪中，环境经济学的研究主题非常广泛，且与其他经济领域的结合越来越紧密，甚至与自然科学越来越紧密交叉，但一个共同的研究主题是环境政策，即政策问题驱动着环境经济学研究（Deacon et al.，1998）。初创期的环境经济学甚至以环境政策的经济学出现，例如 Baumol 和 Oates（1988）。经济学家的观点对初始的污染控制立法并没有多大影响。事实上，美国环境政策的基础是 1970 年《清洁空气法案修正案》和 1972 年《清洁水法案修正案》（Cropper 和 Oates，1992）也就是说，污染控制措施与环境问题的经济学分析几乎是同时代的产物，自然出现的问题是环境政策的经济效应，或者环境政策的成本收益分析，抑或是环境政策的设计与实施。①

1. 环境政策的经济效应

一直以来，大部分环境政策的研究与设计依据外部性程度，通过影响生态环境价值或者市场主体的行为发挥作用。因此，环境政策会影响生态环境、就业、生产率和人类福利等。

环境政策是否能取得改善环境质量的效果呢？Joskow et al.（1998）的经验研究表明，美国的排放交易项目在 1994 年取得了明显的成效。Henderson（1996）、Becker 和 Henderson（2000）研究了环境规制能有效降低地表臭氧浓度。White（1982）实证测度了美国汽车排放控制项目的效果，结果表明该项目确实已经减少了汽车污染排放，类似的研究还有 Gruenspecht（1982）。而 Greenstone 和 Hanna（2014）用最全面的发展中国家有关空气、水污染和环境规制的数据库，来评价印度环境规制。空气规制对空气质量改善有很大作用，这说明如果更高的空气质量需求推动了控制规制的有效实施，那么强力的公众支持允许环境规制在较差的制度环境中取得成功。Auffhammer 和 Kellogg（2011）证实了美国汽油含量规制已经成功减

---

① Cropper 和 Oates 全面回顾了环境经济学的研究。他们认为，从初创期开始到 20 世纪 90 年代初期的 20 多年间，环境经济学研究主要围绕环境政策的理论分析、环境政策的成本收益测算等方面进行。他们指出，此刻正好为环境经济学家在政策领域做出有价值的贡献提供了非常好的机会，他们愿意从"纯粹"理论解释转向实际的政策设计和实施的研究上来。

少了臭氧污染，但联邦汽油标准并没有改善空气质量。在加利福尼亚州，汽油含量规制显著地改善了空气质量。

环境政策可能会影响生态服务的利益与价值，因而需要测算环境政策的成本。Carbone 和 Smith（2013）研究了人们对生态服务的支付意愿如何随互补性市场产品需求的变化而变化，其中，市场产品的需求受到环境规制的影响。Levinson（2012）利用调查的数据与美国空气质量数据进行匹配，从而推断空气质量的货币价值。基于此，杨继东和章逸然（2014）研究了中国的空气质量定价问题。大部分经济学家认为，环境政策的实施会带来额外的经济负担。Cropper et al.（2014）认为在空气质量较差的时候采取汽车限行的措施可以降低经济成本。Fowlie et al.（2012）比较了固定污染源与移动污染源的规制成本效率，结果表明固定污染源的规制成本比移动污染源更高。Meng（2017）用免费配置的许可证规则来预测气候政策的 CO_2 减排成本。

还有一些环境经济学家研究了环境政策的成本分配。一些研究者用局部均衡或者投入产出模型来计算能源价格上升对产出价格的影响，结果显示环境政策具有累退效应（Hassett 和 Metcalf，1995；Borenstein，2012）。例如，环境税会使排污企业提高其产品价格，从而转嫁给家庭。Metcalf 对一揽子环境税进行了分析，结果表明基于年度收入分析的环境税累退性比基于生命周期收入分析的环境税累退性低。只要环境税具有累退性，环境税改革就可以达到任何累进程度，尤其是将来自环境税的收入用于弥补其他收入中性类税收降低的部分。也有学者从一般均衡的视角研究环境政策问题，Metcalf（2008）研究了用碳税收入支持企业税减免的改革及该改革对行业的影响。Rausch et al. 研究了美国不同温室气体控制措施对要素价格和产出价格的影响。Fullerton 和 Heutel（2007）、Fullerton 和 Monti（2013）利用解析动态随机一般均衡模型得到环境政策影响要素价格和产品价格的表达式，通过校准参数定量分析了环境政策的效应大小。另外，一些研究则探讨了环境政策成本在生产者与消费者之间（Bento et al.，2009）、代与代之间、地区之间（Kuminoff et al.，2013）、族群之间

（Banzhaf 和 Walsh，2013）的分配问题。

Fowlie et al.（2012）研究了美国南加利福尼亚州的可交易排放许可证项目，结果发现对排放企业的规制措施只能实现大约 1/3 的减排量，且单位减排成本要高出两倍多。环境政策外溢性是指一个地区实施严格的污染减排措施会使另一个地区的污染排放量上升，从而减弱总的减排效果。对于环境政策外溢性或者碳泄漏问题的研究还有 Baylis et al.（2013）、Carbone（2013）、Winchester 和 Rausch（2013）等。此外，环境政策会使企业迁移到别的地区，例如 Chen et al.（2016）论述了中国环境规制造成的结果：地区间差异化的环境规制强度使得经济活动向长江上游移动。

区域之间缺乏统一协调的环境政策也会造成成本上升。而这种区域间环境政策协调问题，在国际温室气体减排问题方面表现得尤为突出。例如，对于后京都议定书时期的国际温室气体减排协议问题的研究有 Olmstead 和 Stavins（2006）、Prizer（2006）、Nordhaus（2015）、Esty（2008）、McLure（2014）等。Bushnell 和 Chen（2009）等提出了一个多区域模型来研究不同环境政策的效应。Battaglini 和 Harstad（2016）在一个动态博弈中分析了国际环境协议的参与度与持久性。

环境政策还对降低不确定性有帮助。Martin et al.（2014）研究了欧盟排放交易体系，结果显示有效的许可证配置可以降低总的失业风险。Weitzman（2009）第一个注意到了气候变化造成的损失所表现出"厚尾"概率分布的重要性，也就是说，气候灾难发生的可能性极低，但是其一旦发生就会造成极大的损失。在环境-经济系统建模中，可能发生灾难的重要性依赖于效用函数中的风险规避形式。常相对风险规避（CRRA）效用函数意味着边际效用是无界的，那么，社会可能要付出巨大的努力来避免小概率的气候灾难。Pindyck 研究发现只要边际效用有界，极端结果就不会出现，且"薄尾"分布会导致一个对减排的更高支付意愿。Martin et al.（2014）分析了欧盟碳排放交易体系下，为防止企业再配置，而对被管制企业进行补贴，结果显示这种做法导致了过度的补贴，而有效的许可证配置可以降低总的失业风险。

环境政策对技术变化也会产生影响（McCain，1978），尤其是促进清洁技术的进步（Brumm 和 Dick，1976）。Popp 研究了美国 1990 年《清洁空气法案》颁布前后的创新变化，结果表明，该法案颁布之前的创新旨在降低烟气脱硫装置的成本，而该法案颁布之后的创新则旨在消除排放物中的二氧化硫。Popp 还研究了能源研发的公共支出的效力。Aghion et al.（2016）利用 80 个国家有关企业层面的汽车行业污染技术与清洁技术的面板数据，实证检验了环境政策对企业技术创新方向的引致效应。

据此，两种市场失灵对于理解环境政策对技术变化的影响有帮助：一是污染没有市场价格，因此生产者和消费者在没有政策干预的情形下也就没有减排激励，减排技术的市场也会被限制；二是技术创新产生的公共产品属性会使得技术创新的利益产生外溢，而不会由创新者独占，因此，潜在的创新企业和个人并没有受到激励以提供社会最优的清洁技术。环境政策对于绿色技术进步起着非常重要的作用。

Baylis et al.（2013）通过解析一般均衡模型研究了环境税与可交易排放许可证（简称"排放许可证""许可证"）的福利成本。结果表明，在负泄漏情形下，单边碳税会导致福利损失；而在正泄漏下，单边环境政策则会提高福利。Muller 和 Mendelsohn（2009）测算了 SO_2 可交易排放许可证的福利收益和边际污染损失，其结果表明可交易排放许可证每年可节约 3.1 亿~9.4 亿美元，同时估计了特定空气污染物的边际损失，计算了 SO_2 交易项目的福利效应。

其他的研究还有 Walker（2011）研究了美国环境规制强度变化对企业和部门就业的影响。Antweiler（2003）先从理论上分析了环境规制威胁对企业污染排放的影响，然后用加拿大的数据检验出这种规制威胁对企业的作用不大。Helfand（1991）实证检验了五种不同标准管制对投入决策、生产水平和企业利润的影响。Fowlie et al.（2016）构建了静态和动态局部均衡模型，并校准其参数，定量评估了市场型环境政策对美国产业动态的影响。

2. 环境政策的设计与实施

经济学家大都倾向于分析不同环境政策的效应，并基于这些定性或定量结果对不同类型环境政策——环境税、可交易排放许可证和命令控制——进行比较（Hahn 和 Stavins，1992；Shavell，2011；Weitzman，2014）。大部分经济学家偏向于认为市场型环境政策更有效，但也有一些经济学家的研究表明命令控制型政策更有效，例如，Goulder et al.（2016）描述的情形是标准管制更有效率。

可是，在实际执行环境政策的过程中，政府较少采用市场型环境政策工具，而是更多地采用标准、自愿保护（Holladay et al.，2015）、补贴（Heutel 和 Kelly，2016；Li et al.，2015）等形式的工具。由此可见，针对不同的情形，需要设计和实施相对应的有效政策措施。因此，随着环境资源压力加剧以及全球气候变暖形势越发严峻，越来越多的研究关注环境政策的设计与实施。

Lave（1982）探讨了 CO_2 的减排策略。Noll（1982）在现有市场型环境政策理论讨论的基础上，研究了实施可交易排放许可证的可行性。Cason（1995）研究了排放许可证拍卖机制。Fredriksson（2001）发展了一个中央环境税和地方减排补贴的实证理论，其中环境与工业游说团体会通过竞选资金来影响政府的环境规制行为，这些研究有助于中央政府与地方政府环境政策之间的协调。Marron 和 Toder（2014）指出，从原理上看，一个精心设计的环境税能降低气候变化的风险，最小化减排成本，鼓励清洁技术创新，增加财政收入，但是现实中的环境税设计面临许多挑战。他们从公共财政的角度分析了这些挑战，强调碳税设计面临税率设定、税收收集与收入使用三个挑战。

与此同时，Bushnell 和 Mansur（2011）分析了环境政策设计中的两个重要方面：一是规制对象——污染源、污染投入还是消费者，以及垂直目标——上游规制还是下游规制；二是地方环境政策的外部效应——泄漏问题。这就使得政策制定者在不能直接对污染进行规制时，可以选择对一些替代物进行规制，从而隐藏目标。据此，相应的政策设计可以是诸如"双边工具"（Fullerton，1997a，1997b；Fullerton 和 Wolverton，2005）——补贴清洁投入，同时对产品征税。Bovenberg 和 Goulder（2001）认为排放许可证是免费配置还是售卖并不是一个二选一的政策设计问题，而应该一部分免费配置，另一部分进行售卖。研究表明，许可证价格的大部分负担以更高的产品价格转移给了消费者，因此，应该有一小部分许可证用来免费配置从而保证公平。

在环境相关政策设计与改革领域，绿色税制改革是经济学家重点关注的议题。绿色税制改革旨在通过征收环境税来弥补其他税收的减少。其中，环境税的"双重红利"效应是核心研究内容，可参见 Goulder et al.（1998）、Bovenberg（1999）和 Bosello et al.（2001）等对环境税"双重红利"问题的综述。Mooij（1994）、Parry（1995）、Bovenberg 和 Goulder（1997）等研究表明，绿色税收通常以一种相对无效率的方式增加收入，即绿色税收增加 1 美元的经济成本比传统所得税增加 1 美元的经济成本更高。这是因为绿色税收的税基较窄，它们通常只针对单一商品（如化石燃料）或者特定行业排放的污染物征收，因此，会对中间投入、消费品、劳动和资本等市场造成更大的扭曲。

环境政策设计和实施的最主要目标之一就是减少污染排放，改善环境质量。Duggan 和 Roberts（2002）设计了一种在企业之间有效配置污染物排放量的机制。Metcalf（2008）的研究发现，对于减少温室气体排放和减少石油消费的政策目的来说，美国的税收支出表现出很高的成本无效率，甚至反生产性。Sigman 和 Chang（2011）的研究表明，即使政府安排了固定的排放预算，其他允许污染调剂的措施还是可能会增加污染减排，并减少非法排放。[1] 除了减排目的，环境政策设计也会考虑效率方面，而 Banzhaf et al.（2004）在研究中探讨了区域差异化的排放总量控制是否能提高效率。Holland 和 Yates（2015）则提出了一种新的提高排放许可证交易市场效率的

---

[1]　污染调剂措施是指受排放总额限制的部门中的一个污染企业允许用另一个企业的减排来抵消其超额排放量。

方法。

此外，Muller 和 Mendelsohn（2009）将科学和经济学的有用信息融入污染损失函数，提出交易项目应该采用每种污染源每吨排放物对应多少美元的方式来表达。但有学者认为他们的建议偏离了经验证据（Fraas 和 Lutter，2012）。Fullerton 和 Wolfram（2012）编写了有关美国气候政策设计与实施的研究文集。在他们的书中广泛地讨论了气候政策的设计问题，其中包括联邦政府与地方政府温室气体排放控制政策之间的相互影响，城市政策对碳减排的影响，自愿减排、碳定价、不同环境政策之间的相互影响以及环境政策的监督与实施等方面。

第三节　环境宏观经济研究

环境宏观经济的起源可以追溯至经济学的起源（Rezai 和 Stagl，2016）。早在重农主义和古典主义时期的经济学家就非常强调土地在生产过程中的作用。例如 Quesnay 将土地当作一个国家财富的主要决定性因素。Simth 认为土地的所有者是收入分配的重要类别，因为其会获得地租。而 Ricardo 认为土地的承载能力最终会制约经济发展。Multhus 继承 Ricardo 的观点，并认为随着人口的增长，粮食会出现短缺。

随着工业革命的发展，工业部门在经济中所占比重逐渐上升，农业在经济中的比重逐渐下降，这也使经济学家越来越少关注自然资源环境的作用。在主流经济增长理论中也很少涉及资源环境要素（Dasgupta 和 Heal，1974）。直到 20 世纪 70 年代才有学者关注到环境退化与经济增长的关系。Brock（1973）指出，主流经济增长理论并没有涵盖经济活动的环境成本。直到 20 世纪 90 年代，Daly（1991）才正式提出"环境宏观经济学"的概念，并给出环境宏观经济学应该包含的两个重要内容：污染成本和环境价值的国民收入核算，以及环境因素的最优经济增长。

1. 绿色国民收入核算

绿色国民收入核算是指自然资源的稀缺性、废弃物的超量负荷对健康的影响、防止污染的费用以及未核算的非市场活动等要求改进经济福利的衡量方式（Nordhaus 和 Tobin；Daly 和 Cobb）。

Converse（1971）利用投入产出模型分析了国民收入账户中的环境外部性。Smith 和 Huang（1995）利用边际支付意愿评估了空气质量的价值。Howarth 和 Norgaard（1992）从理论上分析了可持续发展中的环境价值。Xie 构建了一个包含环境价值的社会核算矩阵。Muller et al.（2011）构建了一个在国民核算账户中包含环境外部性的框架，且利用综合评价模型，估计了美国各行业的空气污染损失。从实践来看，被广泛接受的绿色核算体系是联合国的综合环境与经济核算体系（System of Integrated Environmental and Economic Accounting，SEEA）。De Haan 和 Keuning（2001）展示了如何将环境问题融入宏观经济核算，并阐述了包含环境账户的国民收入核算矩阵（NAMEA）的构建与使用，他们认为 NAMEA 可以作为环境宏观经济学的有效工具来使用。

那么，将经济体系作为一个开放的子系统，融入环境系统并核算整个环境-经济系统的规模有多大之后，这个系统应该如何实现经济增长就成为另一个需要关注的问题（Daly，1991）。

2. 环境经济增长

Fisher et al.（1972）讨论了自然环境在保护与发展之间的配置问题。Smith 和 Krutilla（1984）阐述了经济增长对资源环境约束的响应，并认为在经济增长模型中对资源环境的处理存在很多不足。经济增长必然会产生污染，从而使得环境质量下降。而论述环境与增长之间的关系最有影响力的文献就是 Grossman 和 Krueger（1995），他们首次从经验实证的角度得到了污染物与人均收入之间的倒"U"形关系。关于 EKC 的文献回顾可以参见 Dinda（2004）、Copeland 和 Taylor（2004）等。Copeland 和 Taylor（2004）概述了 EKC 的机制：①增长的源泉，从污染的供给端来看，结构效应——在发展的早期阶段更多地使用污染技术，后来更多地使用清洁技术；②从污染的需求端来看，收入效应——是人均收入变化的结果；③阈值效应——当污染控制激励从角点解开始慢慢地增长，达到某一临界值，就会产生阈值效应；④减排报酬递增，这个效应是指富国比穷国有更低的平均减排成本。

早在20世纪70年代，Keeler et al.（1971）、Forster（1973）和 Mäler（1977）就将环境因素或者污染引入经济增长模型之中。Keeler et al.（1971）首次应用控制论来分析污染流量和污染存量问题，并解出了最优绿色增长路径。Forster（1973）将污染引入新古典增长模型，研究结果表明资本存量的最优水平低于传统新古典增长模型中的黄金率水平，而消费也会低于传统新古典增长模型中的黄金率消费水平。Mäler（1977）则首次探讨了环境政策的宏观经济内容，他关注环境的长期规划问题和短期宏观问题这两个方面。一方面，环境的长期规划问题主要在 Ramsey 类型新古典经济增长模型中考虑环境因素，环境部门或者政府采取环境政策实现跨期福利现值最大化；另一方面，环境的短期宏观问题主要是财政政策和货币政策实现最优增长路径的可能性。

到了20世纪80年代末90年代初，宏观经济研究中出现了以 Lucas 和 Romer 等建立的内生增长模型。而环境宏观经济的研究主要集中于环境因素对资源跨期配置的影响，例如 Forster（1973），相关文章主要是在一个经典的 Ramsey 框架下，实现消费者效用最大化，而效用来自消费和污染，并对消费、投资和减排做出最优决策。其结论均为绿色增长模型中的平衡增长路径低于传统新古典增长模型的黄金率水平。因此，除了 Mäler，之前很少有文献关注污染与长期增长问题，且还没有学者关注过内生增长框架下的污染问题，Gradus 和 Smulders 在 Romer、Rebelo 和 Lucas 的模型中引入污染因素，研究结果显示：（1）在标准的新古典增长结构下，资本存量更低，但是长期增长率不受影响；（2）在内生增长框架下，减排活动增加挤出投资，并降低了内生增长率；（3）当人力资本积累是内生增长动力时，资本下降，内生最优增长率要么不受环境因素的影响，要么会受很高的影响，这取决于污染是否影响代理人的学习能力。而 Michel 和 Rotillon 主要基于罗默的"干中学"模型来分析污染与增长之间的关系。罗默的内生增长模型存在正外部性，所以经济能持续增长，而引入污染后，污染的负外部性与正外部性哪个更大也成为本书分析的一个重要问题。这些理论分析的结果有以下几点。

第一，当污染负向影响效用时，竞争性经济的无限内生增长趋势不会改变，这也意味着污染排放是无限的；在不可分形式下，也得到同样的结论。第二，社会最优增长路径为消费和污染的有限稳态水平，以及为零的长期增长率。第三，为了达到社会最优增长路径，必须对资本征税。

3. 环境宏观政策

Keeler et al.（1971）认为不仅要关注绿色增长的最优路径，还要研究实现最优路径的政策。除了 Mäler 讨论了宏观经济政策的短期经济与环境效应，van der Ploeg 和 Withagen 也在环境增长模型中引入环境税政策，且讨论了环境税如何使资本存量和环境质量达到社会最优水平。他们还比较了污染流量和污染存量建模对污染最优控制结果的差异性，无论哪种类型建模，市场化的结果均高于社会最优水平，且在市场中，清洁技术投资和污染治理行为均不会发生，因此，政府应该干预污染排放，而征收恰当的庇古税可以降低消费。Kort 和 Gradus 在绿色增长模型中内生化政府行为，同时讨论了收入税率变化和环境税率变化对消费、投资以及污染排放的影响。此外，费雪（Fisher，1973）从理论上分析了公共投资对环境的影响。

经济增长与污染呈倒"U"形曲线，一方面是由于市场本身会随着经济水平的发展而改变其产品和消费结构，从而使污染随经济增长而减少；另一方面是由于政府的环境政策越来越严厉。因此，至少对一些污染物而言，会出现减排效果"J"形曲线和污染倒"U"形曲线。除了上述学者对 EKC 曲线的经验研究，也有学者从理论上研究污染与经济增长的关系，例如 Keeler et al.（1971）、Forster（1973）。在这些文献中，也隐含着"J"形曲线和倒"U"形曲线，因此，Selden 和 Song（1995）在 Forster（1973）模型的基础上进行了扩展，并得出了减排效果"J"形曲线和污染倒"U"形曲线。

Cassou 和 Hamilton 从内生增长的角度来解释 EKC，并讨论了财政政策在引导 EKC 时的作用。其经济模型由清洁部门和污染部门两个生产部门组成。每个部门的生产都需要资本、劳动、环境质量的投入。污染部门的资本投入会损害环境，清洁部门的资本投入则不会损害环境。只有在污染部门使用资本投入所产生的环境负外部性影响到每个部门的生产率时，内生增长与

EKC 之间才产生联系。外部性对污染部门来说会对其资本投入造成规模报酬递减效应，从而限制其产出；而对清洁部门来说，污染资本积累会降低清洁产品的内生增长率。因此，污染资本的投入会通过水平效应增加未来污染产品消费，而通过增长效应减少未来清洁消费。

在上述研究的基础上，Heyes（2000）提出了更为简洁、直观的环境相关政策的分析工具——IS-LM-EE 模型。基于 IS-LM-EE 模型，分析了积极财政政策和积极货币政策的效应，结果显示：①经济在初始期处于均衡状态，积极的财政政策会使 IS 曲线右移，此时，商品市场和货币市场达到新均衡点，但该点并不是环境均衡点，且商品市场与货币市场新均衡点在 EE 曲线右上方时，环境会恶化，为了保持环境均衡，必须同时配合实施紧缩的货币政策，即 LM 曲线左移，实现环境-经济的新均衡；②积极的货币政策会使得 LM 曲线右移，商品市场和货币市场达到新的均衡点，该点在 EE 曲线的右边时，环境质量下降，为实现环境均衡，必须配合紧缩的财政政策，实现环境-经济的新均衡；③环境规制的提高会使得 EE 曲线右移，那么，这会产生环境友好的可持续经济扩张。作者的研究结果中隐含着重要的传导机制——环境规制引起的波特效应和双重红利。

Lawn（2003）认为 Heyes（2000）的 IS-LM-EE 模型还不完善，尤其是环境均衡方程或曲线。因此，其引入了资本与资源环境的不完全替代性、最低资源环境投入量等。他认为，随着产出接近最大值，边际减排成本就会提高，因此，就会更多地使用清洁型的技术来提高生产效率，这时就需要实际利率更快地下降来使经济转向更清洁的生产技术。一旦产出达到最大值，最清洁的可用技术就会被使用，那么，进一步的资源节约和减排就不可能通过技术提高来实现。而 Lawn 对财政政策与货币政策的效应的研究结果与 Heyes（2000）基本一致，但是他详细讨论了影响 EE 曲线位置和移动的因素，从而弥补了 Heyes（2000）的不足。

Lawn（2003）和 Heyes（2000）一样均忽略了自然环境存量及其自我净化能力，以及环境变化的反馈机制，且他们都假设政策制定者有完全信息，环境均衡的实现没有自动调节机制，需要靠外生的财政政策、货币政策变动或者恰当的环境制度安排来实现，而环境质量会影响微观经济主体的经济行为和排污行为（Chakraborti，2016）。因此，Sim（2006）认为，即使没有恰当的环境制度安排，IS-LM-EE 模型自动调节机制也会发生作用，这是因为污染引起社会成本的增加，影响消费和投资，而此两者又是 IS 曲线的组成部分，因此，环境污染会影响 IS 曲线的响应。另一个重要的问题是：物质资本和环境资本之间是替代关系还是互补关系？Decker 和 Mark 认为是互补关系。他们在互补关系的前提下，重新推导了 IS-LM-EE 模型，并分析了财政政策、货币政策以及环境政策的效应。

上述学者均只是从定性方面探讨环境增长及环境政策的含义和效应。而从定量方面测度环境政策宏观经济效应的文献则主要基于综合评价模型（IAM），即将经济系统与环境系统置于一个统一的框架中建模，然后校准参数，进行定量模拟与评价。Popp（2004）利用 DICE 模型研究了技术变化对环境政策变化的内生响应，随后还比较了最优环境税和最优研发补贴所带来的福利收益（Popp，2006）。DICE 模型和 RICE 模型虽然有某些更好的微观基础———一般均衡模型，但它们更接近于一种规划问题（Hassler et al.，2016），即它们并没有设置明显的市场结构特征，因此，它们也不能完全准确地评价环境政策的效应。

基于此，经济学者开始利用动态一般均衡（DGE）模型和动态随机一般均衡（DSGE）模型来分析和评价环境政策及其宏观经济效应。近年来，有一些学者利用 DGE 模型来定量评价环境政策的效应。例如，Acemoglu et al.（2012）构建了一个包含环境约束和技术方向变化的内生增长模型。最终产品由污染型投入和清洁型投入生产而得。作者的研究结果表明只要能使创新转向清洁型投入的临时性环境税或补贴就可实现可持续发展，但是最优政策是环境税与研发补贴同时实施，一旦干预不及时就会产生延迟成本。后来，Acemoglu et al.（2016）在 Acemoglu et al.（2012）的基础上进一步分析了合理的政策是否一定能保证转向清洁型技术，研发补贴的重要性依赖于碳税的最优化选择，最优政策下转向清洁型技术的速度有多快。上述两篇文章均通过参数估计和校准来模拟环境政策的效应。Costinot et al.（2016）构建了一个多国的 DGE 模型，并利用该模型定量分析了气候变化对粮食和局部造成的冲击所引起的宏观经济层面的后果。作者的研究结果表明，气候变化对农业市场造成的影响可能使全球 GDP 下降 0.26%，这一损失也对应全球粮食产值的 1/6。

利用 DSGE 模型来研究环境政策的学者越来越多。Fischer 和 Springborn（2011）、Heutel（2012）、Angelopoulos et al. 是最早利用 DSGE 模型来定量研究环境政策的学者。这些学者首次在真实经济周期（RBC）模型中引入环境政策，Angelopoulos et al. 在一个 RBC 模型中分析不同环境政策，其将环境存量引入家庭效用函数，污染排放量是产出的副产品，且与产出以固定比例呈线性关系。但是在引入公共减排支出时，作者认为，环境收入专款专用于公共减排支出，环境税和许可证交易会产生收入进而就有公共减排支出，而数量控制型政策不产生收入则没有公共减排支出，这也是导致市场型环境政策与命令控制政策差异的最重要原因。Fischer 和 Springborn（2011）主要集中于评价三种类型环境政策在实现相同环境目标时的绩效，研究结果表明：①对于减排来说，与数量控制型政策相比，强度标准更有吸引力，因为它能提供一个更为灵活的机制来实现经济增长；②从相同减排目标来看，数量控制型政策会抑制技术冲击给经济带来的波动，而与数量控制型政策相比，环境税会带来更大的经济波动，强度标准则能维持更高的经济活动频率。上述学者主要在比较不同环境政策的宏观经济效应，而 Heutel（2012）则构建了一个包含环境外部性的 RBC 模型，即在标准的 RBC 模型中加入了环境污染对企业生产率的影响。作者利用该模型研究最优环境税，并分析了环境税对持续性冲击的最优响应路径。Dissou 和 Karnizova（2016）则构建了一个多部门 DSGE 模型来分析环境政策的经济增长效应或福利效应。此外，Hassler 和 Krusell（2012）构建了一个多国 DSGE 模型。在上述的模型中，并没有涉及摩擦或者价格黏性问题，因此，Annicchiarico 和 Di Dio（2015）则将价格黏性引入环境 DSGE 模型中，即采用新凯恩斯模型探讨了环境税的宏观经济动态效应，他们还简要分析了货币政策对污染排放的影响，更加详细地分析了最优环境政策与货币政策的协调及其相关的环境政策及其宏观经济效应，可参见 Annicchiarico 和 Di Dio（2015）。

第四节　现有研究的不足

长期以来，环境经济学的理论基础来自外部性理论（Cropper 和 Oates，1992）。外部性及其相关的市场失灵都是微观经济学的重要组成部分，基于此，大部分经济学家将污染视作稀缺环境资源缺乏市场定价的结果。因此，经济学家建议引入以单位税或者排污费为替代的价格信号来更加经济地使用这种资源。一旦价格机制有效发挥作用，污染者面临着价格等于边际排污成本的约束，该约束就会促使污染者将边际社会成本内部化。因此，他们认为只要能找到这些环境资源的"正确价格"，就能依靠市场机制解决所有环境问题（Keeler et al.，1971）。因此，长久以来，环境政策主要是根据环境外部性理论来制定的，大量文献从微观经济角度研究环境政策的效应，进而比较环境政策之间的优劣。这就使得在设计环境相关政策时，忽略了环境政策与宏观经济之间的相互影响，这可能会导致研究结果遗漏重要的经济反馈效应（Fischer 和 Heutel，2013）。

1. 一般均衡的重要性

在一般均衡分析框架下，环境政策不仅可以影响目标企业或行业，还会影响经济的其他主体或部门。一般均衡分析得到的结果通常与局部均衡分析得到的结果不同甚至相反。一方面，在局部均衡分析框架下，最优环境税率应该设置在与边际污染损失同等的位置，但 Bovenberg 和 Mooij（1994）的研究结果表明在次优情形中，环境税率应该低于边际污染损失。这引起了环境主义者的担忧，低于社会边际污染损失的税率会激励过量的污染排放。对于这个问题，Metcalf（2003）的反事实研究表明低于社会边际污染损失的环境税率可以与更优的环境质量相一致。另一方面，从 20 世纪 80 年代开始，环境经济学家就认为环境税收入可以用来减少其他扭曲性税收，从而提高效率。但是在某些情形下，当经济学家试图解释次优环境政策与一般均衡的相互影响时，那些局部均衡分析所建议的能提高效率的环境政策反而会降低效率（Bovenberg 和 Mooij，1994；Goulder 和 Bovenberg，2002）。

因此，一般均衡效应对于评估环境政策至关重要。利用一般均衡分析框架，能更好地理解绿色财政改革的成本效率，更精确地估算总体效率，更科学地对不同环境政策的优劣进行排序，以及更好地设计可行的环境制度安排。在中国，目前的环境政策评价或者环境制度安排经常忽视一般均衡效应，而更偏好于评估企业的成本效率，或者仅采用局部均衡分析框架。

2. 环境宏观经济的必要性

主流宏观经济学关注资本积累和充分就业等，而忽视环境问题。环境经济学又较少关注宏观问题，两者的联系多从经济一般均衡开始。因此，Spash 和 Ryan 指出，沿用了宏观经济学基本方法论的环境宏观经济学可以当作一个十分重要的研究前进方向。环境问题尤其是气候变化问题是全世界各国面临的严峻危机，而宏观经济波动又越来越频繁，2008 年全球金融危机仍然令人记忆犹新。多重危机之间存在相互联系已经成为共识（Røpke，2016），这就必然要求将环境问题与宏观经济联系起来研究。为了能设计与宏观经济相一致的环境政策，环境经济学家需要吸收必要的宏观经济理论与方法（Rezai 和 Stagl，2016）。

环境质量从很多方面影响着总经济，除了气候变化的全球影响，试想在未来，可交易排放许可证交易规模不断变大，并最终实现全球性市场交易，那么，这些交易如何影响汇率、相对价格、国际收支平衡表呢？如何更好地发挥环境政策在稳定宏观经济方面的作用？如何更好地发挥其他宏观政策对污染减排的激励作用？

一个合理的定量分析就要求：①一般均衡的视角；②动态视角；③宏观经济视角。对于一般均衡的要求，又需要一个具有坚实微观基础的模型，因为不同环境政策的宏观效应分析会包含对均衡价格的影响（Hassler 和 Krusell，2012）。目前，DSGE 模型作为宏观经济学的中流砥柱，可以与环境演化系统相结合，从而用于环境宏观经济学的模型构建与定量分析。

3.宏观经济政策的关键性

大量的文献关注环境政策的研究与设计，例如，环境税、可交易排放许可证、命令控制等；也有文献关注环境政策与其他宏观经济政策，尤其是扭曲性税收、贸易政策、货币政策等的相互作用。但是，前期很少有文献研究宏观经济政策对环境质量的影响，也很少有文献关注宏观经济政策与环境政策之间的相互影响。另外，从主要发达国家和发展中国家来看，政府每年动用的公共支出平均占到 GDP 的 $1/4\sim1/3$。如此大规模的财政支出不仅会影响经济活动，还对环境质量产生重要的影响（Bernauer 和 Koubi，2013；Lopez et al.，2011；Halkos 和 Paizanos，2013；Galinato 和 Islam，2014；Islam 和 Lopez，2015；Barman 和 Gupta，2010；Vella et al.，2016；Galinato 和 Galinato，2016）。例如，Lopez et al.（2011）最早开始从理论和经验两个方面，研究了财政支出对环境的结构效应和规模效应，并将结构效应分解为直接效应、资本-污染替代效应、劳动-污染替代效应、税收效应和产出效应。

Dioikitopoulos et al.（2016）指出，像中国这样的经济体，任何对环境的负效应都可能是由那些仅以经济增长为目标的政策所引起的。财政政策影响环境质量的机制可以从上述 IS-LM-EE 模型中得到粗略的概述。Lopez et al.（2011）归纳总结了宏观经济政策影响环境的作用机制：①通过宏观经济政策所产生的约束激励，促使资源在人力资本、物质资本和自然资本之间以最优的方式进行合理配置；②经济政策能使宏观经济扩张或收缩，并通过债务、社会保障、资源和污染税以及环境治理支出等途径影响代际转移支付；③经济政策可能直接对环境产生影响。有关经济政策对环境影响效应的详细综述及两者之间作用机制，可参见 Halkos 和 Paizanos（2013）。

第三章　环境宏观经济与政策的理论分析

> 民主不是态度问题，而是远见。任何不从长远看问题的体制都将在短期内精疲力竭。
>
> ——查尔斯·约斯特，《凯歌与挫折的时代：当代对话》，1964

第一节　引言

正如第二章所述，环境问题一直未被主流宏观经济模型所关注。但自从Malthus（1798）得出其经典论断之后，许多人认为资源环境因素对于长期经济增长起着至关重要的作用（Romer，2012），因此，应该将资源环境因素纳入经济增长模型。资源环境因素通过两种方式影响经济增长：一种是有限的自然资源与土地，这就意味着任何试图长久地增加产出的努力，终会因为自然资源耗竭而失败；另一种是生产过程中所产生的污染，不断增长的产出会伴随不断增长的污染，最终会导致增长停滞。本书仅关注污染对经济增长的影响。

Daly（1991）认为环境宏观经济学还是一个"空箱"的原因在于托马斯·库恩的"范式"以及熊彼特的"预分析视角"。而当代宏观经济学的视角局限于"循环流量图"（Mankiw，1990），宏观经济学被视为一个孤立的系统，例如，它不与所处自然环境发生任何物质和能量交换。在这个孤立的系统中，企业与家庭之间的价值循环是一个闭环。该循环流量图并不依赖于环境，因此就不存在环境污染问题，宏观经济学也就不依赖于外部世界，也不会与环境发生相互作用（Georgescu-Roegen，1971；Daly，1985）。

　　环境宏观经济学所需要做的事情，并不是对现存的研究视角进行精确分析与纠正，而是成为一个分析环境问题与经济相互影响的新视角（Daly，1991）。环境宏观经济学这个新视角将宏观经济看作一个开放的系统，其与环境相互影响而彼此依赖，从而构成一个更大的循环流量图——价值循环和物质循环。交换价值的循环为总需求（或有效需求）、总产出、失业、通货膨胀等问题提供了一个十分有用的分析框架，但它也遮挡了宏观经济与环境之间的所有物质循环关系。只要将宏观经济视为一个开放的系统，将环境系统与宏观经济系统相联系，就可以分析环境与宏观经济之间的相互作用关系，并从环境宏观经济系统的视角出发来探讨解决环境问题的制度安排。

　　需要注意的是，Daly（1991，1992）最早正式提出"环境宏观经济学"的概念，并阐述了环境宏观经济学所要研究的两个问题：第一，考虑了环境因素之后，经济系统相对于整个系统来说规模有多大——绿色国民收入核算问题；第二，经济子系统的最优规模应该为多大——环境经济增长问题。本书关注环境经济增长问题，并分析其政策含义。

第二节　环境与经济增长框架

　　由第二章环境宏观经济学文献回顾部分可知，Keeler et al.（1971）、Forster（1973）、Mäler（1977）最早将环境因素引入经济增长模型。本书主要基于 Mäler（1977）的研究来介绍环境与经济增长框架。这是因为 Mäler（1977）不仅探讨了环境因素与长期经济增长问题，还分析了短期经济稳定问题以及相关财政政策和货币政策问题，并由此引出 IS-LM-EE 框架。

　　本书所概述的环境经济增长模型主要是在新古典增长模型中引入环境因素。社会规划者的目标是实现跨期社会福利最大化，即当期和未来效用函数现值的最大化。而瞬时效用函数主要依赖于消费和环境质量。环境质量受到企业生产过程中所排放的污染物影响。企业采取两种方式来减少污染物排放：一是减少生产活动，降低产出；二是将更多的资本和劳动等要素配置到污染减排活动。

1. 生产结构

假设经济中存在单一的代表性厂商，其生产单一的产品。该产品用于私人消费和公共消费，且还用于资本积累。在特定技术条件下，厂商的生产函数为：

$$Y = F(K_1, L_1) \tag{1}$$

其中，Y 是产出，K_1 是配置到生产活动的资本，L_1 是配置到生产活动的劳动。假设生产函数 $F(\cdot)$ 是连续的、二阶可微的、严格的凹函数，且偏导数为正。且 $F(\cdot)$ 满足稻田条件（Inada Conditions）。厂商在生产过程中会同时产生污染物，从而需要厂商投入资源进行污染物减排或处理活动。假设污染减排函数为：

$$Z = P(K_1, L_1, K_2, L_2) \tag{2}$$

其中，Z 是厂商的污染物排放量，K_2 表示配置到污染减排活动的资本，L_2 表示配置到污染减排活动的劳动。需要注意的是，生产要素 K_1、L_1 也出现在减排函数中，这是因为污染减排不仅与产出有关，还与生产方式有关，且污染减排函数 $P(\cdot)$ 是连续的、二阶可微的凸函数。此外，污染减排函数满足下列条件：

$$\frac{\partial P}{\partial K_1} > 0, \frac{\partial P}{\partial L_1} > 0, \frac{\partial P}{\partial K_2} < 0, \frac{\partial P}{\partial L_2} < 0$$

污染减排函数的凸函数性质意味着，

$$\frac{\partial^2 P}{\partial K_1^2} \geq 0, \frac{\partial^2 P}{\partial L_1^2} \geq 0, \frac{\partial^2 P}{\partial K_2^2} \geq 0, \frac{\partial^2 P}{\partial L_2^2} \geq 0$$

与此同时，还假设，

$$\frac{\partial^2 P}{\partial K_1 \partial K_2} > 0, \frac{\partial^2 P}{\partial K_1 \partial K_2} > 0, \frac{\partial^2 P}{\partial L_1 \partial K_2} > 0, \frac{\partial^2 P}{\partial L_2 \partial K_2} > 0$$

在经济增长模型中，通常假设要素具有可延展性，而该假设并不会改变最优增长模型的渐进性质，唯一改变的是从初始状态向均衡状态的转移路径。

Mäler（1977）指出，环境经济增长模型中的污染物只在厂商的生产过程中产生，而消费过程并不产生污染，且模型的生产函数并未考虑原材料的投入（这些未考虑的因素，在20世纪八九十年代成为环境经济增长模型的热门研究方向），但该环境经济增长模型旨在阐明污染影响产出的作用机制，这也是本书的研究目标之一。

代表性厂商既进行生产活动，也进行污染减排活动，它从这两种活动的最优化行为来实现产出最大化，即考虑下列最优化问题：

$$\max F(K_1, L_1)$$

约束条件为：

$$K_1 + K_2 \leqslant K$$
$$L_1 + L_2 \leqslant L$$
$$P(K_1, L_1, K_2, L_2) \leqslant Z$$
$$K_i \geqslant 0, L_i \geqslant 0, Z \geqslant 0; i = 1, 2$$

其中，K 和 L 分别为经济中可用的总资本和总劳动。上述最优化问题满足库恩-塔克定理（详见附录一），因此，存在非负的乘数 r、w、q 使得方程（3）成立：

$$
\begin{aligned}
F_1 - q P_1 - r &\leqslant 0 \\
F_2 - q P_2 - w &\leqslant 0 \\
- q P_3 - r &\leqslant 0 \\
- q P_4 - w &\leqslant 0
\end{aligned}
\tag{3}
$$

其中，F_1、F_2 分别表示生产函数关于资本和劳动的导数，而 P_i（$i = 1$, 2, 3, 4）则分别为污染减排函数中四个要素的导数。r、w、q 可以分别理解为资本、劳动和污染物的影子价格，也可以理解为 r 为资本租金、w 为工资率、q 为污染价格。因此，上述最大化问题就将最大产出定义为经济中总资本 K、总劳动 L 与污染物排放 Z 的函数，为：

$$y = F(K, L, Z) \tag{4}$$

根据非线性规划定理可知，F（·）对于所有的元素都是凹函数，且满足稻田条件，可以证明 $F_K = r$，$F_L = w$，$F_Z = q$。

此外，用 C 和 G 来分别表示私人消费和公共消费。用 δ 来表示资本折旧率，则产出在经济中的分配满足下列条件：

$$\dot{K} + \delta K + C + G \leq F(K, L, Z) \tag{5}$$

其中，$\dot{K}$ 表示资本变化率或者净投资。

2. 环境质量演化过程

代表性厂商生产过程会伴随污染物排放，其排放量为 Z。厂商排放的污染物进入自然环境，一部分在自然环境中经过降解后消失，而另一部分则在自然环境中储存起来。需要说明的是，厂商生产过程中产生的污染物，有一部分被企业自身的污染减排活动所消除，从而不会进入自然环境，这一过程已经包含在上述污染减排方程（2）中。本书用 X 表示环境质量，并假设在自然环境中，该污染物不会同时发生可逆和不可逆的变化。

遵循 Mäler 的设置，当没有污染物被排放到自然环境时，环境质量 X = 1，即未被污染的自然环境。此外，在近些年的环境宏观经济文献中，初始时期环境质量被设置成一个固定的水平，例如 $\bar{X}$（Jouvet et al.，2005）。但从本质上来讲，这两种设置是相同的。一方面，污染物进入自然环境会恶化环境质量，即会使 Y 下降。另一方面，自然环境具有自我净化的能力，且越接近环境质量的初始水平，自我净化速度越慢。参照水污染模型 S-P 方程（Streeter-Phelps 方程），环境质量的演化方程设置为：

$$\dot{X} = \rho(1 - X) - \sigma Z \tag{6}$$

其中，$\dot{X}$ 表示环境质量的变化；ρ 表示环境净化率，为常数；σ 表示污染物对环境的损害率，为常数。由环境质量演化方程（6）可知，当污染排放量为 0 时，环境质量会趋向于 1，即初始环境质量水平。

由方程（6）可知，对于特定的污染排放量 Z，环境质量均衡达到一个静止状态，即环境质量不再发生变化（$\dot{X}=0$），由此，可以得到环境质量的静止状态为：

$$X = 1 - \frac{\sigma}{\rho}Z$$

3. 社会规划者的目标函数

如前文所述，社会规划者要实现跨期社会福利最大化，即社会规划者的目标函数为使当期和未来效用现值的最大化。目标函数表达为：

$$U = \int_0^T u(C,G,X)\,dt \tag{7}$$

其中，U 是社会福利现值，$u(\cdot)$ 是瞬时效用函数。假设 U 是二阶连续、凹函数，且具有正的偏导数，且资本存量与环境质量的初始条件为：

$$\begin{aligned}K(0) &= K_0 \\ X(0) &= X_0\end{aligned} \tag{8}$$

初始条件（8）意味着资本存量和环境质量初始水平是既定的。此外，它们的终值条件为：

$$\begin{aligned}K(T) &\geqslant K_T \\ X(T) &\geqslant X_T\end{aligned} \tag{9}$$

终值条件（9）意味着在既定时间的末期，资本存量和环境质量不会低于某一水平。最后假设，劳动供给无弹性且为常数，那么，劳动可标准化为 1。

4. 最优绿色增长

由于劳动标准化为 1，那么，在上述约束条件下，选择资本存量 $K(t)$ 和环境质量 $X(t)$ 来最大化社会规划者的目标函数。构造汉密尔顿函数：

$$\begin{aligned}H = {}&u(C,G,X) + \gamma\left[F(K,L,Z) - \delta K - C - G\right] \\ &+ \theta\left[\rho(1-X) - \sigma Z\right]\end{aligned} \tag{10}$$

根据庞特里亚金最大值原理[①]，如果 $K(t)$ 和 $X(t)$ 是最优增长路径，那么，存在 $\gamma(t)$ 和 $\theta(t)$ 使得控制变量 C、G 和 Z 的最优值最大化汉密尔顿函数。由此，可以得到最优解的必要条件为：

$$\dot{\gamma} = \frac{\partial H}{\partial K} = -\gamma(F_1 - \delta) \tag{11}$$

$$\dot{\theta} = \frac{\partial H}{\partial X} = -u_3 + \theta\rho \tag{12}$$

$$\frac{\partial H}{\partial C} = u_1 - \gamma = 0 \tag{13}$$

$$\frac{\partial H}{\partial G} = u_2 - \gamma = 0 \tag{14}$$

$$\frac{\partial H}{\partial Z} = \gamma F_3 - \theta\sigma = 0 \tag{15}$$

此外，还需要满足下列横截条件：

$$\begin{aligned} \gamma(T)[K(T) - K_T] &= 0 \\ \theta(T)[X(T) - X_T] &= 0 \end{aligned} \tag{16}$$

由于瞬时效用函数是凹函数，因此，上述必要条件也是汉密尔顿函数最优解的充分条件。相关定理与论述可参见附录一。

由上述最优增长路径可以明显地看出，γ 是资本的需求价格，而 θ 是环境质量的需求价格。因此，式（11）和式（12）表达了对未来价格的完美预期，而式（16）则表达了需求与供给之间的关系，也就是说，当资本存在超额供给时，其需求价格为 0；同理可得环境质量的需求与供给之间的关系。从式（15）可以知道，$q = \theta\sigma$ 可以被理解为污染减排的需求价格，即污染减排的需求价格应该等于环境质量退化的价值。而沿着最优增长路径，企业排放的污染量使得污染排放的边际生产率等于污染减排的需求价格。同理，也可以得到有关工资率的一阶条件为：

[①] 有关庞特里亚金最大值原理的详细内容与证明可参见《经济理论中的最优化方法》，或者参见微信公众号"宏观经济研学会"文章《经济数学：为经济学者准备的数学》。

$$\gamma F_2 - w = 0 \tag{17}$$

由此可得，代表性厂商的利润 π 为：

$$\pi = \gamma F(K,L,Z) - r\gamma K - \gamma\delta K - wL - \theta\sigma Z$$

值得注意的是，假设生产函数 F 是线性齐次的，且假设污染减排函数 P 是零次齐次的（即是说，生产投入与污染减排投入均增加 1 倍，并不会改变污染排放量）。由上述两个假设可以知道，最大产出函数 F 对于资本 K 和劳动 L 来说也是线性齐次的，因此，可以很容易得到企业利润为负。[①] 那么，在最优绿色增长路径上，企业必须得到补贴，使其利润至少为 0。

第三节　IS-LM-EE 模型

在本章第二节中，将环境因素纳入新古典增长模型，利用最优控制论推导出最优绿色增长路径。但是上述内容并未探讨如何实现最优绿色增长路径，即没有引入政府如何采取财政政策、货币政策和环境政策来实现最优绿色增长路径。Mäler（1977）从经济短期稳定的角度构建模型，以实现最优绿色增长路径与经济稳定。Kort 和 Gradus 则首次将政府行为内生化，从而探讨最优收入税与污染的关系。但从他们的分析框架来看，其模型较为复杂，且非常不透明。根据奥卡姆剃刀原则，本节试图从一个简单明了的政策分析框架入手，阐述政府政策行为对绿色增长的影响。

正如 Heyes（2000）指出，从 IS-LM 模型入手，来理性化宏观环境约束是非常实用的。Mankiw（1990）认为，IS-LM 模型或者 IS-LM-PC 模型为理解经济政策提供了最好的框架。虽然，IS-LM 模型受到了许多批评，但是其在经济政策分析领域仍属于十分流行的分析工具。许文立和许坤指出，一些经济学家（如 Krugman）认为形式上更加简洁的 IS-LM 模型同样可以对金融危机做出解释，并成功预测经济的发展。从本节的观点来看，IS-LM 模型

[①]　由企业利润函数可知，当资本和劳动投入均增加 1 倍时，企业的污染排放量并不会变化，最大产出函数也不会增加，因此利润为负。

是否有效属于次要问题。本节最关注的问题是在 IS-LM 模型中引入宏观环境约束，从而将 IS-LM 模型扩展为 IS-LM-EE 模型。

1. IS-LM-EE 模型的基本结构

虽然 IS-LM 模型强调的是利率与产出之间的相互关系，属于短期分析框架（Blanchard，2017），但决定总需求和总产出的主要因素是资产价值或者长期实际利率（Blanchard，1981）。因此，下面阐述 Blanchard 的 IS-LM 模型。

用 D 来表示对产品的总需求或总支出。影响总支出的因素主要有三种：一是长期实际利率 R，二是实际产出 Y，三是财政支出 G。则总支出可以表达为：

$$D = D(R,Y,G)$$

那么，产出随时间的变化可表达为：

$$\dot{Y} = \Psi[D(R,Y,G) - Y] = \Psi(R,Y,G) \tag{18}$$

其中，Ψ（·）是 R 和 Y 的减函数，G 的增函数。对于式（18）有两种理解：第一种理解是总需求增长后，投资者消耗积累直到产出增加满足需求；第二种理解是支出总等于产出，但实际支出缓慢调整到合意支出 D。第一种解释强调生产的调整成本，而第二种解释则强调支出的缓慢调整。

产品市场的均衡意味着产出不变，即 $\dot{Y}=0$，也就是说总支出等于总产出 $D=Y$。产品市场均衡隐含定义了 IS 曲线。在产出和长期实际利率空间 (Y, R) 中，IS 曲线的斜率为 $-\dfrac{\Psi_Y}{\Psi_R}<0$。且 G 的增加会使 IS 曲线右移。

r 表示短期名义利率，π 表示通货膨胀率。定义短期实际利率 $i=r-\pi$。根据长期债券和短期债券之间的套利可得：

$$R - \frac{\dot{R}}{R} = i = r - \pi \tag{19}$$

由货币市场均衡条件可知，货币需求等于货币供给，即 $L(r, Y) = M$。将式（19）代入货币市场均衡条件，可得：

$$L\left(R - \frac{\dot{R}}{R} + \pi, Y\right) = M \tag{20}$$

其中，$L(r, Y)$ 表示货币需求，M 表示实际货币供给。式（20）即为 LM 曲线，且其斜率为 $\frac{L_Y}{L_R} > 0$。M 增长会导致 LM 曲线右移。

综上所述，扩张性财政政策会使得 IS 曲线右移，长期实际利率 R 和产出 Y 都上升。扩张性货币政策会使得 LM 曲线右移，长期实际利率 R 下降，产出 Y 上升。

用 e 表示经济活动中的环境强度，也可以理解成单位产出排放量。可以将 e 设置为 R 和 Ω 的函数，其中 Ω（$0 < \Omega < 1$）表示环境制度参数，其刻画了经济中环境规制的程度。[①] 因此，$e = e(R, \Omega)$，其中，$e_R > 0$，$e_\Omega < 0$，$e_{R\Omega} < 0$。这就意味着，经济活动的污染排放量随着利率提升而递增，随着环境规制强度提升而递减。

用 E 来表示环境质量，则环境退化率的方程为：

$$-E = e(R, \Omega)Y - \rho E \tag{21}$$

虽然式（21）与式（6）在形式上不同，但本质相同。定义环境均衡为环境质量不再变化，即 $E = 0$。由此解出的环境质量方程即为利率和产出空间中的 EE 曲线。由式（21）可计算得到 EE 曲线的斜率为 $\left.\frac{dR}{dY}\right|_{E=0} = -\frac{e}{e_r Y} < 0$。将环境均衡曲线 EE 与 IS-LM 曲线结合，如图 3-1 所示。

对于 EE 曲线上的任何一点都表示在特定 R 和 Y 空间中的环境均衡。也就是说，在 EE 曲线上的 $\{R, Y\}$ 使得经济活动利用环境的强度等于自然环境提供这些环境要素的能力。例如，生产过程中的污染排放率等于环境的净化和吸收率。在 EE 曲线右边的任一点说明，短期内，经济活动的污染排放量大于环境的净化和吸收能力。从长期来看，环境会发生退化。反之，在

[①] Heyes（2000）指出，在环境函数中引入长期实际利率 R，而不是短期实际利率 r，对最终结果不会产生太大影响。

EE 曲线左边任一点，经济活动不会使环境发生退化。

在图 3-1 的基准 IS-LM-EE 模型中，EE 曲线比 IS 曲线更为陡峭，Heyes（2000）认为并不必然出现此种情形，一般性地理解为更陡峭说明生产的环境强度对长期利率更为敏感。另一个重要的方面是环境制度参数 Ω 的变大会使得 EE 曲线向右移动。环境规章制度越"绿色"，如环境经济政策或者法律法规越严格，会使排污成本变得越高。一般来讲，一个国家或地区的经济活动都在 EE 曲线的右边，这会使污染排放量超过环境的净化和吸收能力，从而导致环境质量下降，经济活动就会向左移到 EE 曲线上。这就意味着，短期经济发展超过环境承载能力，会降低经济的长期发展潜力。

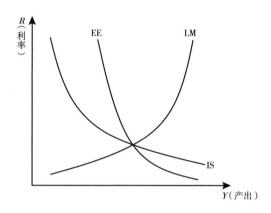

图 3-1　基准 IS-LM-EE 模型

2. 财政政策与环境政策分析

正如 IS-LM 模型是财政政策和货币政策的有用分析工具一样，IS-LM-EE 模型也是绿色发展政策的有用分析工具。本书并不关注货币体系或者更一般的金融体系变动对绿色发展的影响，因此，下面分析财政政策调整和环境政策调整对绿色发展的影响及作用机理。

假设财政政策和货币政策的变动并不会引起环境均衡曲线的移动，且经济的初始状态处于图 3-2 中的 A 点。在 A 点经济和环境均处于均衡状态。扩张型财政政策的效应如图 3-2 所示，例如增加财政支出，会提高总需求，IS 曲线向右移动，经济均衡移动到 B 点，但是 B 点偏离环境均衡

EE 曲线。为了使经济活动适应环境均衡，必须实施紧缩性货币政策使得均衡点回到 EE 曲线的 C 点。均衡点 C 处的产出比初始均衡 A 点处的产出要低。这一机制十分直观：任何引起利率 R 上升的政策均会引发资本与环境要素之间的替代效应，使用更高的环境生产方式，从而只能降低产出来维持环境均衡。

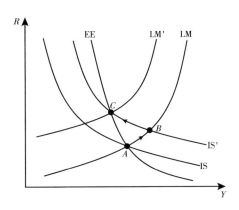

图 3-2 扩张型财政政策的效应

上述比较静态分析假设环境均衡 EE 曲线不会随财政政策变化而移动。从环境质量演化方程可以看出，环境制度参数 Ω 可由政府部门控制从而影响环境均衡。

环境制度参数 Ω 刻画了环境规制的严格程度，例如污染者负担的环境成本等。当政府部门改革环境制度，使其更为偏向绿色规制——环境标准和环境经济政策更为严格，即 Ω 上升，会使得环境均衡 EE 曲线向右移动，更为严格环境规制的效应如图 3-3 所示，从而使得环境友好型的产出扩张成为可能。

3. 扩展的 IS-LM-EE 模型

（1）Lawn 的扩展。

Lawn（2003）在上述基准 IS-LM-EE 模型的基础上，引入绿色技术进步参数，并重新推导包含绿色技术进步参数的 IS-LM-EE 模型，如图 3-4 所示。

如果没有绿色技术进步，那么，扩张型财政政策的效应与基准模型相同。但是如果扩张型财政政策会引起绿色技术进步呢？例如，补贴企业的清洁生

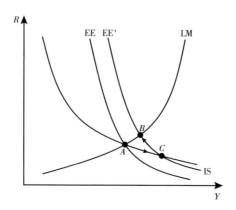

图 3-3　更为严格环境规制的效应

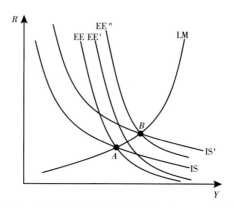

图 3-4　包含绿色技术进步参数的 IS-LM-EE 模型

产技术研发（Acemoglu et al.，2012，2016），也就是说，扩张型财政政策可能诱发"波特效应"，使得环境均衡 EE 曲线向右移动，例如，从 EE 曲线移动到 EE′曲线甚至 EE″曲线。那么，此时的财政扩张政策会持续地促进绿色发展。

（2）Sim 的扩展。

在 Heyes（2000）和 Lawn（2003）的 IS-LM-EE 模型中，经济均衡和环境均衡需要通过外生政策冲击来调整以实现环境-经济均衡，但即使不采取任何环境相关的政策措施，经济增长也会最终停止，这是因为由空气污染和水污染所引起的健康和生产率损失最终会阻碍长期经济增长。因此，即使相关制度安排缺失，经济活动最终也会与环境承载能力相适应。

Sim（2006）认为环境质量也会影响消费、投资和生产率，即 IS-LM-EE 框架中也应该包含环境-经济自动调节机制。因此，他在 Heyes（2000）的基础上引入实际产出与环境可承载的最大产出之间的差距——绿色产出缺口 ϑ。当 $\vartheta>0$ 时，实际产出超过环境可持续水平，环境退化。ϑ 越大，环境质量恶化对社会经济的危害就越大。随着环境质量的恶化，作为一种集体理性行为，消费者会减少消费。且较差的环境质量也会影响企业生产率，而随后更严格的环境规制又会阻碍潜在投资或者缩小企业规模。

用 ϵ 表示环境赤字（过度生产，$\vartheta \geqslant 0$）带来的损害成本，且该成本的演化方程为 $\dot{\epsilon}=f(\vartheta)$，且 $f(\vartheta)>0$，$f(0)=0$。因此，IS 曲线的方程可以改写为：

$$D(R,Y,G,\vartheta) = Y \qquad (22)$$

其中，相关变量含义与上述相同，函数的相关性质也类似。因此，IS 曲线仍向右下方倾斜。

自动调节机制下的 IS-LM-EE 曲线如图 3-5 所示。但当环境制度安排和货币政策不变时，扩张性财政政策首先会使得 IS 曲线右移至 IS′，经济均衡点由 A 移至 B。由于过度生产会使 $\vartheta>0$，从而导致环境退化，较差的环境质量又会增加社会成本使 $\dot{\epsilon}>0$，因此，计划产出趋于下降，IS 曲线又会自动从 IS′左移至 IS″，从而实现环境-经济均衡。

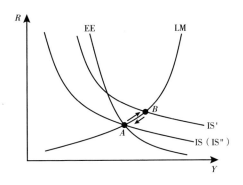

图 3-5　自动调节机制下的 IS-LM-EE 曲线

第四章　中国环境-经济周期与趋势的
特征事实

科学是事实；就如房屋是由石块构成，科学则是由事实组成；但是一堆石块并不是一座房屋，同理，一堆事实也不必然就是科学。

——亨利·庞加莱

第一节　指标选择与数据来源概述

1. 环境污染与 CO_2

Keeler et al.（1971）将污染定义为任何损害人们享受生活的物资存量或流量。按照这种定义，污染是一种普遍存在的现象。例如，固体垃圾、空气污染、水污染、因过度使用而耗竭的土壤、辐射等都是广义上的污染问题。

自从庇古（1920）在其《福利经济学》中提出政府应该对污染排放征税以来，经济学家一直将污染作为一种外部性问题。正如 Stavins 在《新帕尔格雷夫经济学大辞典》的"环境经济学"词条中解释道，污染是一种外部性——市场决策带来的一种意料之外的结果，而该结果既影响决策者本身，也影响其他人。而泰坦伯格在《环境经济学与政策》一书中写道，未来社会将同时面临资源稀缺和日积月累的污染物质。本章将对其中一种污染问题（气候变化）会带来怎样的挑战进行阐述。随着全球气候变暖，极热状况将影响人类的健康。实际上，一些危害直接源于极端高温，如 2003 年夏天，欧洲数千人死于热浪。

大气中的温室气体（水蒸气、CO_2 和其他气体）吸收了部分被反射的太阳能量，从而保持了地球的温度稳定。但是近半个世纪以来，作为主要温室气体组成部分的 CO_2 被人类活动大量排入大气。IPCC（2014）指出，在过去 40 年中，大约 30% 的 CO_2 被海洋吸收，从而导致了海洋酸化。从 20 世纪中叶开始，人类活动所排放的温室气体可能是地表温度上升的主要驱动力（IPCC，2014），而由此引起的极端天气导致了高达数十亿甚至上百亿美元的经济损失（Ranson et al.）。

中国政府在 2009 年宣布，到 2020 年实现单位 GDP 的碳排放量比 2005 年下降 40%~45%，而 2015 年又重申这一目标，并重新规划 2030 年单位 GDP 的碳排放量比 2005 年下降 60%~65%。2013 年，中国的 7 个省市试点了碳排放权交易市场，实现总量控制，并于 2017 年实行全国范围的碳排放权交易市场。CO_2 减排政策的设计也具有十分重大的现实意义。虽然中国实行的《环境保护税法》中并未将 CO_2 列为污染物，但从学术研究来看，可以将其作为一种空气污染物。薛进军和赵忠秀（2015）在低碳经济蓝皮书《中国低碳经济发展报告（2015）》中写道，CO_2 已被一些国家列为"大气污染物"。例如，美国联邦最高法院在 2007 年判定 CO_2 是污染物，从而其排放行为受到美国环保局（EPA）的管制。

综上所述，本书利用"CO_2 排放量"来表征污染物排放量。因此，后文中出现的环境税实则为碳税。在很多研究中，学者将碳税当作环境税的一种，也将碳税的设计和实施当作绿色税制改革的一个重要方面，可参见 Fullerton 和 Wolfram（2016）对此类文献的相关回顾与论述。虽然 CO_2 是否作为污染物还存在争论，但其过度排放会对经济社会造成巨大损害已成为共识。本书的研究并非关注不同污染物的经济效应和福利效应，而是关注环境相关政策的经济学问题，即本书试图阐明不同污染问题所具有的共同的、根本性的经济理论与机制。许多经济学家，如 Baumol 和 Oates（1988）、

Sandmo（2000）均将环境经济学视作环境政策的经济学，他们认为环境经济学中的根本性理论争论是政府在环境领域的行为。因此，本书集中研究环境相关政策的分析与设计问题。

2. 指标说明与数据来源

本书主要探讨环境相关政策——环境税、环境公共支出与非环境公共支出、货币政策——对环境质量、宏观经济及其相互关系的影响，阐述相关政策的一般均衡效应。因此，本书主要的指标为环境指标、宏观经济指标与财政货币指标等。

（1）CO_2。

环境指标主要是污染物指标，分为流量指标与存量指标。污染流量指标指一段时间内污染物排放量，而污染存量指标指某时点的污染物积累量。本书用一年内 CO_2 排放量表征污染流量指标，用自然界中 CO_2 总量表征污染存量指标。

CO_2 是自然界中必需的成分，光合作用将其转化为有机成分。但自然界中存在过量的 CO_2 就会影响地球辐射平衡，造成巨大的危害。联合国政府间气候变化专门委员会（IPCC）的研究表明，过去 40 多年中，大气中 CO_2 浓度的提升主要来源于人类活动——化石燃料的燃烧和一些工农业生产过程。根据世界银行对 CO_2 统计与方法的详细解释，工业生产过程中排放的 CO_2 主要来自水泥的制造，农业生产过程排放的 CO_2 则主要来自土地的使用。本书选取来自历年《中国统计年鉴》《中国能源统计年鉴》中有关"能源消费总量"的数据，然后利用 IPCC 在 2006 年的一份温室气体排放指南中提供的 CO_2 排放系数来估算 1953～2015 年中国的 CO_2 排放量。为了提高本书估算的 CO_2 排放量数据的可信程度，本书将其与世界银行估算的 1960～2013 年中国 CO_2 排放量数据进行比较。

（2）GDP 与财政数据。

宏观经济学是研究总体经济活动的学科。20 世纪 40 年代末期世界上开始建立国民收入与产出账户，并在其中构建了经济活动的总体测量指标——

国内生产总值（GDP）。[1] 本书所使用的中国 GDP 数据全部来自中华人民共和国统计局网站及历年《中国统计年鉴》。

由于 GDP 可分为名义 GDP 和实际 GDP，而中国统计局只发布名义GDP。为了计算实际 GDP，本书采用美国亚特兰大储备银行数量经济研究中心（CQER）构建、发布的中国宏观经济时间序列数据——GDP 平减指数。

本书所使用的财政数据主要是中国宏观财政收支数据，即税收收入和财政支出数据。其中，财政支出又划分为环境财政支出和非环境财政支出，财政支出数据只限于一般公共预算支出。[2]

第二节　环境与宏观经济数据构建

1. CO_2 排放量

化石能源中含有碳元素，在燃烧过程中，大部分碳元素会以 CO_2 的形式排放至大气中。而其他非 CO_2 气体最终也会在大气中被氧化成 CO_2。因此，根据《2006 年 IPCC 国家温室气体清单指南》，可利用能源消费量来估算 CO_2 排放量[3]，估算式为：

---

[1]　在 20 世纪 30 年代"大衰退"期间，经济学家还没有一个总体经济活动的度量指标，他们只能依靠一些零散的经济信息进行加总，例如铁矿石的运输量、百货公司的销售额等。直到第二次世界大战结束，国民收入与产出账户才被建立。从 1947 年 10 月开始，美国正式发布总产出的统计数据。1971 年诺贝尔经济学奖授予 Simon Kuznets（哈佛大学），1984 年诺贝尔经济学奖授予 Richard Stone（剑桥大学），以表彰他们对国民收入与产出账户的建立与发展做出的巨大贡献。

[2]　《中华人民共和国预算法（2014 年修正）》第五条规定："预算包括一般公共预算、政府性基金预算、国有资本经营预算、社会保险基金预算。"在这四类预算中，均会涉及环境类公共服务支出和其他公共服务支出。为简化起见，本书将公共支出数据限定于一般公共预算内。需要注意的是，虽然"财政支出"与"公共支出"在严格意义上存在差异，但本书在文字使用上并不做严格区分。

[3]　IPCC 指出，燃料在燃烧时，有一部分碳不会被氧化，但通常这部分比例较小，而 99%～100% 的碳会被氧化。因此，IPCC 在估算 CO_2 排放量和 CO_2 排放系数中均假设碳被 100% 氧化。

$$A = \sum (B_i \times c_i) \tag{1}$$

其中，A 为 CO_2 排放总量；B_i 为能源 i 的消费量；c_i 表示能源 i 的 CO_2 排放系数。

中国统计的能源消费量数据以煤、石油、天然气和电（水电、核电和风电）四种形式公布。其中电力能源包含三种清洁、可再生能源，其不产生 CO_2 排放。因此，本书所使用的化石能源消费量包括煤消费量、石油消费量和天然气消费量，即 i 分别为煤、石油和天然气。公布的能源统计数据单位为万吨标准煤。

而不同能源的 CO_2 排放系数则参考《2006 年 IPCC 国家温室气体清单指南》中关于 CO_2 排放因子的数据。IPCC（2006）指出，燃烧过程优化使得单位燃料消耗产生最大能源量，因此提供最大数量的 CO_2。有效的燃料燃烧确保燃料中最大数量的碳被氧化。因此燃料燃烧的 CO_2 排放因子对于燃烧过程本身并不敏感，而主要取决于燃料的碳含量。IPCC（2006）提供了详细的固态燃料、液态燃料和气态燃料的 CO_2 排放系数，其中，煤类、石油类各细分多种能源 CO_2 排放系数，详见附录二。而中国能源统计数据只公布煤、石油和天然气消费量，并未对各化石能源进行细分，因此，煤、石油和天然气的 CO_2 排放系数需要测算，测算步骤如下。

第一步，将 IPCC 中各种类型的煤、油燃料和天然气的 CO_2 排放系数分别求出平均值作为煤、石油和天然气的 CO_2 排放系数的近似值，分别为 107473.3kg/TJ、72377.3kg/TJ 和 56100kg/TJ；

第二步，为了统计数据单位一致，将上述 CO_2 排放系数单位中的热力学单位"TJ"转化成中国能源统计数据的单位"万吨标准煤"。根据赵敏等（2009）提供的转化系数万吨标准煤 $= 2.93 \times 10^5$ GJ，得到煤、石油和天然气的 CO_2 排放系数 c_i 分别为 3.15×10^4 kg/万吨标准煤、2.12×10^4 kg/万吨标准煤、1.64×10^4 kg/万吨标准煤。

第三步，根据式（1）计算出 CO_2 排放总量。本书估算了 1953～2015 年

中国 CO_2 排放量，将其与世界银行数据库中收录的 1960~2013 年中国 CO_2 排放量进行比较，在对应时期内，本书估算值对数与世界银行统计数据对数的偏差在 2% 以下，且对两个样本进行独立样本 t 检验结果显示：（1）均值方程 t 统计量为 0.655，说明不能拒绝"两个样本均值相等"的原假设；（2）方差方程的 F 统计量为 0.000，说明不能拒绝"两个样本方差相等"的原假设。

2. 宏观经济数据

本书所使用的宏观经济数据主要包括 GDP、财政收支等，且均为年度数据，价值量单位为亿元。中国国家统计局公布的 GDP 和财政收支数据均为当年价值核算的名义值。本书使用美国亚特兰大储备银行数量经济研究中心公布的中国宏观经济时间序列数据中的 GDP 平减指数年度数据来计算中国实际 GDP。计算式为：

$$实际 GDP = \frac{名义 GDP}{GDP 平减指数}$$

此外，用计算得出的实际 GDP 数据除以对应年度的总人口数得到人均实际 GDP。而财政支出的实际值则利用财政支出名义值除以年度 CPI，以剔除价格因素。如无特别说明，下文的指标数据均为实际值。CO_2 与 GDP 序列的主要统计量如表 4-1 所示。

第三节　CO_2 排放量-GDP 的周期与趋势特征

1. 趋势特征

1952~2015 年，中国实际 GDP 与 CO_2 排放量不断增长，如图 4-1 所示，图中的数据均取对数。1952~2015 年，实际 GDP 对数年均增长率达到 8.5%，CO_2 排放量对数年均增长率为 7.8%。1978 年以来，实际 GDP 对数年均增长率为 9.8%，CO_2 排放量年均增长率为 5.5%。从图 4-1、表 4-1 可知，1952~2015 年，实际 GDP 对数增长 59.7%，CO_2 排放量对数增长 43.0%。

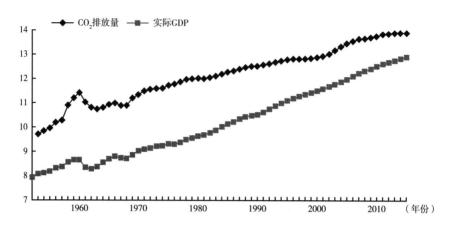

图 4-1　1952~2015 年中国 CO_2 排放量对数与实际 GDP 对数的变化

表 4-1　CO_2 排放量和 GDP 对数序列统计量

序列	均值	中位数	最大值	最小值	标准差	样本量
CO_2	12.14	12.19	13.89	9.71	1.13	63
GDP	10.22	10.02	12.90	8.08	1.49	63

图 4-2 中呈现了 1953~2015 年中国单位 GDP 的 CO_2 排放量的变化趋势。从图中可以看出，单位 GDP 的 CO_2 排放量可划分为四个阶段：第一阶段是 1953~1960 年的急剧上升期，1953 年的单位 GDP 的 CO_2 排放量为 5.14 吨/万元，到 1960 年时已达到 16.06 吨/万元，增长了 212.45%，这一时期，新中国刚刚成立，各项经济事业百废待兴，尤其是国家重工业快速发展，使得单位 GDP 的 CO_2 排放快速增长；第二阶段是 1961~1967 年的快速下降期，20 世纪 60 年代初期的自然灾害对经济社会发展造成了严重损害，在这一时期单位 GDP 的 CO_2 排放量呈下降趋势；第三阶段为 1968~1978 年缓慢上升期，这一阶段的单位 GDP 的 CO_2 排放量呈现逐渐上升的趋势；第四阶段是 1979 年至今持续下降期，改革开放后，中国经济保持两位数左右的增长速度，GDP 的增长使单位 GDP 的 CO_2 排放量呈现逐年下降的趋势。

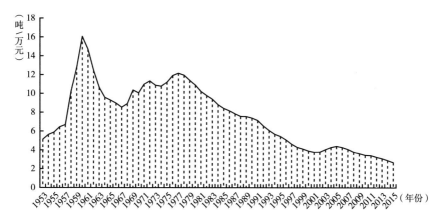

图 4-2　1953～2015 年中国单位 GDP 的 CO_2 排放量

2. 周期特征

上述两图并没有明显地呈现 1952～2015 年中国实际 GDP 和 CO_2 排放量的周期效应，因此，本书计算中国实际 GDP 和 CO_2 排放量的周期成分。HP 滤波方法经常被用来消除时间序列的时间趋势，从而分离出周期成分。本书取中国实际 GDP 和 CO_2 排放量的自然对数，并利用 HP 滤波得到两个序列的周期成分，且序列为年度数据，因此，设定 HP 滤波的平滑参数（smoothing parameter）$\lambda = 100$。①

图 4-3 呈现了 1952～2015 年中国实际 GDP 和 CO_2 排放量两个序列的周期成分。先来看看改革开放前的周期变化，从中国实际 GDP 的曲线可以看出：（1）GDP 扩张期分别为：1952～1959 年、1962～1966 年、1968～1971年；（2）GDP 收缩期分别为：1960～1961 年、1967 年、1972～1978 年。从 CO_2 排放量的周期曲线可以看出：（1）CO_2 排放量增长期为 1953～1960 年、1963～1966 年、1968～1971 年、1974～1978 年；（2）CO_2 排放量下降期为 1961～1962 年、1967 年、1972～1973 年。由此可以看出，中国 CO_2 排放量

---

①　根据高铁梅（2014）的论述，序列为月度数据的，平滑参数设置为 14400；为季度数据的，平滑参数设置为 1600；为年度数据的，平滑参数设置为 100。

周期与实际 GDP 周期基本同步发生，但 CO_2 的波动幅度远高于实际 GDP 的
波动幅度。

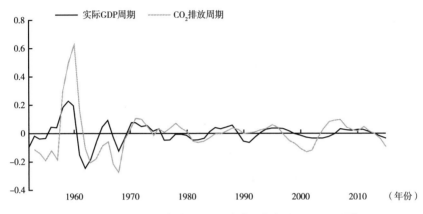

图 4-3　1952~2015 年中国 CO_2 排放周期与实际 GDP 周期

注：图中显示的是周期趋势（整体下降），有的年份增长是正常现象。

1978 年中国开始实施改革开放，并逐步建立社会主义市场经济体制。
1978 年之后中国的经济增长速度加快，经济运行方式与 1978 年之前相比发
生较大变化，因此，本书也将 1978 年之后的 CO_2 排放量周期和 GDP 周期进
行分析与对比。

从 1978~2015 年的中国实际 GDP 周期可以看出，（1）GDP 的扩张期
为 1981~1988 年、1992~1995 年、2003~2007 年、2009~2011 年；
（2）GDP 收缩期为 1978~1980 年、1989~1991 年、1996~2002 年、2008
年、2012~2015 年。从这一时期的 CO_2 排放量周期图可以看出，（1）CO_2
排放量增长期为 1982~1988 年、1990~1995 年、2001~2008 年；（2）CO_2
排放量下降期为 1979~1981 年、1989 年、1996~2000 年、2009~2015 年。
由此也可以得出，改革开放之后，CO_2 排放周期与实际 GDP 周期基本同
步，但 CO_2 的波动幅度高于实际 GDP 的波动幅度，相较于改革开放前，两
者的波动幅度也在趋同。

3.联动特征

1953~2015 年，GDP 周期和 CO_2 排放周期两个原始序列之间的相关系数为

0.989，p 值为 0.000。1953~2015 年，中国 GDP 的周期性波动标准差为 0.005，而 CO_2 排放量的周期性波动标准差为 0.020，这意味着中国 CO_2 排放量比 GDP 具有更大的波动性。而 1978~2015 年，GDP 周期波动的标准差为 0.001，CO_2 排放量周期波动的标准差为 0.003。中国 CO_2 排放量与 GDP 高度相关，即随着实际 GDP 的增长，CO_2 排放量也增长，且 CO_2 排放量的周期波动更剧烈。

本书利用 ARMA 模型来测算中国 CO_2 排放量随 GDP 增长的变化程度。表 4-2 列出了 1953~2015 年的 ARMA 回归结果。由于因变量和自变量都是自然对数，因此，回归系数表示 CO_2 排放量对于 GDP 的弹性。第（1）列呈现了原始序列的回归结果，即 CO_2 排放量对 GDP 变化的弹性为 0.693，且在 1% 的显著性水平下显著。在经济周期文献中 HP 滤波是最常用的时间趋势方法（Heutel，2012），因此，第（2）列给出了 HP 滤波之后，得到两个序列周期部分回归的结果。从第（2）列回归结果可以看出，CO_2 排放量周期波动对 GDP 周期波动的弹性为 1.474，且在 1% 的显著性水平下显著。第（3）至（5）列则呈现了不同类型 BP 滤波（BK 滤波、CF 滤波和 FSA 滤波）之后的周期序列回归结果，这些结果均在 1% 的显著性水平下显著为正，除了 CF 滤波，其他两个结果均显示了 CO_2 排放量周期波动富有弹性。这些结果意味着中国 CO_2 排放量具有顺周期性，且其周期性波动富有弹性，回归结果较为稳健（高铁梅，2014）。

表 4-2　1953~2015 年 CO_2 排放量与 GDP 的 ARIMA 模型回归结果

	（1） ARMA	（2） HP 滤波	（3） BK 滤波	（4） CF 滤波	（5） FSA 滤波
lnGDP	0.693 *** （14.163）	1.474 *** （9.220）	1.324 *** （9.886）	0.763 *** （19.150）	1.085 *** （97.291）
Obs.	62	62	62	62	62

注：括号中为 t 统计值。表中的四个回归模型中的因变量都是 CO_2 排放量的自然对数：（1）是原始对数值；（2）是利用 HP 滤波趋势后的周期值；（3）是利用 BK 滤波趋势后的周期值；（4）是利用 CF 趋势后的周期值；（5）是利用全样本长度非对称滤波 FSA 趋势后的周期值。常数项和滞后项系数都省略。*** 、** 、* 分别表示在 1%、5%、10% 的显著性水平下显著。

表4-3 呈现的是 1978~2015 年 CO_2 排放量与 GDP 的 ARIMA 模型回归结果。从回归结果看，无论是原序列回归系数、HP 滤波的周期序列回归系数还是 BP 滤波的周期序列回归系数均显著为正，其中，除了 FSA 滤波，其他回归系数均显示 CO_2 排放量的周期缺乏弹性。但 1978 年以来，CO_2 排放量仍具有顺周期性。

表 4-3   1978~2015 年 CO_2 排放量与 GDP 的 ARIMA 模型回归结果

	（1） ARMA	（2） HP 滤波	（3） BK 滤波	（4） CF 滤波	（5） FSA 滤波
lnGDP	0.639 *** （9.437）	0.601 *** （3.416）	0.560 ** （2.431）	0.598 *** （14.469）	1.078 *** （120.599）
Obs.	37	37	37	37	37

注：同表 4-2。

第五章　财政收入的绿色发展效应

第一节　引言

面对错综复杂的结构性环境问题，中国环境治理理念及体制机制需要适应治理实践的要求。财政政策是不可或缺的环境治理工具，然而，由于财政政策的不配套甚至相互掣肘，环境治理绩效不彰。从理论上分析环境宏观经济系统的竞争性均衡条件，实证评估宏观经济与环境之间的长期稳态水平及短期波动效应，揭示其内在机理及传导机制，协调配套地实施"一揽子"财政政策，以大幅提升财政政策的"绿色度"，促进绿色发展，具有重要的理论和实践意义。

环境问题和相应的市场失灵是微观经济学理论的重要研究内容。传统经济学家认为，环境问题的传统解决方法就是找到环境资源的"正确价格"。但 Fischer 和 Heutel（2013）认为环境政策主要是根据环境外部性理论来制定的，大量文献从微观经济角度比较不同环境政策的效应，进而比较环境政策的优劣，忽略了环境政策与宏观经济之间的相互影响，这样会使得研究结果遗漏重要的经济反馈效应。Daly（1991）首次提出的环境宏观经济学为研究环境、宏观政策与宏观经济之间的相互作用及其传导机制奠定了基础。

Mäler（1977）最早将环境因素引入新古典增长理论，探讨了包含环境因素的经济长期增长与短期波动问题，并在此基础上，讨论了使用财政政策和货币政策来实现最优增长路径的可能性问题。环境宏观经济学主要探讨环境经济核算与环境经济最优规模（Daly，1991，1992；Marxsen，1992）。在此基础上，Heyes（2000）构建了一条环境均衡曲线，并将其融入 IS-LM 模型，扩展为 IS-LM-EE 模型，其政策含义表明，在环境均衡曲线不变的情况下，扩张的财政政策会使环境退化，必须配合以紧缩的货币政策才能使环境-经济实现均衡。而 Lawn（2003）扩展了 Heyes（2000）的 IS-LM-EE 模型，其研究结果表明，在恰当的环境规制安排下，财政政策变化也会引起环境均衡曲线移动，因此，财政政策对环境有益还是有害取决于财政政策的环境引致效应大小。对于政策制定者来说，财政政策所引起的环境-经济均衡的实现，需要完全信息，且在外生政策或制度安排（货币政策配合或恰当的环境规章制度）之下来实现，但财政政策所引起的"波特效应"会使得环境-经济均衡具有自动调节机制（Sim，2006）。此外，还有许多学者从消费或投资的角度（Harris，2008）以及技术进步的角度（Acemoglu et al.，2016；Fischer 和 Heutel，2013）探讨了环境宏观经济学及其政策引致效应。

在国外，过去很长一段时期，环境财政政策的研究主要集中在环境税和环境财政支出的相关效应方面。近十年来，越来越多的文献关注财政政策的环境引致效应。

在国内，大多数学者主要关注环境税的相关效应。而对于非环境财政政策的环境效应研究方面，卢洪友和陈思霞利用 Lopez et al.（2011）的理论模型测算了中国财政支出的生产端环境效应。卢洪友和许文立（2015）利用 Galinato 和 Islam（2014）的理论模型测算了中国财政政策的消费端环境效应。

上述研究均利用局部均衡模型，分析财政政策的环境引致效应。近几年，也有一些学者利用一般均衡模型，例如，Angelopoulos et al.、Fischer 和 Springborn（2011）、Dissou 和 Karnizova（2016）利用 RBC 模型分析了环境税的经济增长效应。Heutel（2012）在 RBC 框架下分析了环境税的经济增长效应，同时也分析了环境税的福利效应。上述四篇文献的模型设置中均引入政府环境治理支出，并由环境税专款专用进行筹资。另外，Annicchiarico 和 Di Dio（2015）采用新凯恩斯模型探讨了环境税的宏观经济动态效应，在其模型设置中并没有引入政府环境治理支出。

与现有文献相比，本章在以下几个方面有所创新：①在中性税制（一次总付税）和扭曲性税制环境下，构建一般均衡模型来分析财政政策（一般财政政策和环境财政政策）、环境质量与宏观经济之间的相互作用关系。②在一般均衡模型中，引入政府环境治理支出，并比较两种资金来源渠道的宏观经济变量与环境变量的稳态水平。③在扭曲税制情形下，不同税收政策变动对宏观经济与环境质量的影响及其传导机制。④在理论模型的基础上，利用中国的相关数据校准模型参数，模拟了财政政策对宏观经济与环境质量的影响。

第二节　理论模型

1. 中性税制

假设本章设置的是一个封闭的经济环境，且在其中有一个无限期存在的典型家庭，家庭拥有劳动和资本两种要素，同时拥有企业。家庭的效用来自其对商品的消费、对闲暇的享受以及政府供给的公共商品（或公共支出），那么，家庭的跨期贴现效用现值如下：

$$U = E_0 \sum_{t=0}^{\infty} \beta^t \left[\ln C_t - \theta \frac{N_t^{1+\chi}}{1+\chi} + G_t \right] \tag{1}$$

其中，U 是家庭的跨期贴现效用；E_0 为期望算子；β 为主观贴现率；C_t 为家庭的消费量；N_t 为家庭供给的劳动，G_t 为政府支出，θ 为家庭从劳动供给中得到的效用系数，χ 为劳动供给弹性的倒数，在式（1）中家庭来自劳动的效用为负，这是因为家庭的闲暇时间与劳动时间之和固定。

由于家庭拥有劳动和资本，会获得劳动收入和资本利息，并且家庭拥有企业，企业的利润会转移给家庭。此外，家庭还会购买政府债券，并获得政府支付的债券本息收入，而家庭也需要向政府缴纳一定数额的一次总付税。家庭获得上述收入并缴纳一次总付税后的可支配收入将会被配置于消费、投资和政府债券。因此，家庭的预算约束如下：

$$C_t + I_t + B_{t+1} = W_t N_t + R_t K_t + \Pi_t - T_t + (1 + R_{1t}) B_t \tag{2}$$

其中，I_t 为投资；B_{t+1} 为第 t 期购买的政府债券，并在第 $t+1$ 期还本付息；W_t 为工资率；R_t 为资本利息率；K_t 为资本存量；Π_t 为企业利润；T_t 为一次总付税，对于家庭来说，一次总付税是给定的，这是因为家庭所支付的税费总额与家庭的决策无关，例如，家庭支付多少 T_t 不会影响其供给多少劳动的决策；R_{1t} 为政府债券利息。

资本积累方程为：

$$K_{t+1} = I_t + (1 - \delta) K_t \tag{3}$$

其中，δ 表示资本折旧率，那么，在式（2）和式（3）的约束下，求得家庭的跨期贴现效用（1）最大化。构造拉格朗日算式如下：

$$L = \beta \left[\ln C_t - \theta \frac{N_t^{1+\chi}}{1+\chi} + h C_t \right] + \lambda \{ W_t N_t + R_t K_t + \Pi_t - T_t + (1 + R_{1t}) B_t$$
$$- [C_t + K_{t+1} - (1 - \delta) K_t + B_{t+1}] \}$$

因此，家庭问题的一阶条件为：

$$\frac{1}{C_t} = \beta E_t \frac{1}{C_{t+1}} [R_{t+1} + (1 - \delta)] \tag{4}$$

$$\frac{1}{C_t} = \beta E_t \frac{1}{C_{t+1}} (1 + R_{1t}) \tag{5}$$

$$\frac{W_t}{C_t} = \theta N_t^{\chi} \tag{6}$$

对于典型企业来说，其雇佣劳动和投入资本进行生产，生产函数采用规模报酬不变的 C-D 形式：

$$Y_t = A_t K_t^{\alpha} N_t^{1-\alpha}$$

其中 A_t 表示全要素增长率，污染作为一种副产品，在企业生产过程中产生，因此，其排放方程为：

$$Z_t = \mu Y_t = \mu A_t K_t^{\alpha} N_t^{1-\alpha}$$

其中，Z_t 为第 t 期污染排放量，μ 为企业的污染排放系数，α 表示资本-产出份额。

全要素生产率为：

$$\ln A_t = \rho_A \ln A_{t-1} + \varepsilon_{A,t}$$

其中，ρ_A 表示自回归系数；$\varepsilon_{A,t}$ 表生产率外生冲击。政府部门会对企业的污染排放行为征收环境税，税率为 τ_z，那么，政府取得的环境税收入为：

$$F_t = \phi_t^Z \tau_z Z_t = \phi_t^Z \tau_z \mu A_t K_t^{\alpha} N_t^{1-\alpha}$$

其中，ϕ_t^Z 为环境税率外生冲击：

$$\ln \phi_t^Z = \rho_z \ln \phi_{t-1}^Z + \varepsilon_{z,t}$$

其中，ρ_z 为一阶自回归系数，$\varepsilon_{z,t}$ 为外生冲击。

那么，由企业利润最大化问题，可以得到企业的一阶条件，即要素价格与边际产量相等。

$$W_t = (1-\alpha)(1-\phi_t^Z \tau_z \mu) A_t K_t^{\alpha} N_t^{-\alpha} \tag{7}$$

$$R_t = \alpha(1-\phi_t^Z \tau_z \mu) A_t K_t^{\alpha-1} N_t^{1-\alpha} \tag{8}$$

自然环境具有一定的净化修复能力，假设自然环境的净化修复率为 $1-\varphi$，政府对环境污染的治理支出为 E_t，治理效果参数为 γ，则环境污染存量的积累方程为：

$$Q_{t+1} = Z_t + \varphi Q_t - \gamma E_t \tag{9}$$

其中，Q_t 为本期的环境质量，下标 t 表示本期，下标 $t+1$ 表示下期；Z_t 则为本期的污染流量。

政府一般公共预算支出 G_t 是外生决定的，并由政府收取的一次总付税 T_t 和新发行的债务 B_{t+1} 所支持。政府在第 t 期，除了政府支出，还要偿还上

一期发行的债务 B_t。那么，政府的一般公共预算支出约束为：

$$G_t + (1 + R_{1t})B_t + E_t = T_t + B_{t+1} + F_t \qquad (10)$$

情形一：政府环境治理支出资金来源于环境税收入。

环境税收入专款专用，则政府环境治理支出预算约束为：

$$E_t = F_t$$

而政府一般公共预算支出约束为：

$$G_t = T_t$$

情形二：政府环境治理支出来源于一般公共预算支出和环境税收入。

假设政府环境治理支出来源于一般公共预算支出的比例为（$1-b$），那么，政府环境治理支出预算约束为：

$$E_t = F_t + (1 - b)T_t$$
$$G_t = bT_t$$

从政府的一般公共预算支出约束式（10）能看出，政府一般公共预算支出与上一期发行债务的本息之和不能超过税收收入与新发行债务之和。这就意味着，在某一时期，政府一般公共预算支出增长可以通过两条渠道支持：一是增加目前的一次总付税，二是发行更多的债务。

政府一般公共预算支出的外生随机变化过程如下：

$$\ln G_t = (1 - \rho_G)\ln(\omega Y) + \rho_G \ln G_{t-1} + \varepsilon_{G,t}$$

其中，ρ_G 表示政府一般公共预算支出的自回归系数，ω 表示政府一般公共预算支出占产出的比重，$\varepsilon_{G,t}$ 表示外生冲击。

可以看出，本书假设政府一般公共预算支出为稳态产出的份额，且服从均值为 0 的 AR（1）过程。

通过上文的经济环境设定，本书定义的竞争性均衡为一系列价格（W_t、R_t、R_{1t}）和资源配置（C_t、K_{t+1}、N_t、B_{t+1}）的集合，并使得典型家庭和企业的一阶条件式（4）至式（8）成立，要素市场出清，家庭和企业的预算约束以等式成立，家庭在每一期持有的债务都等于政府发行的债务。

政府一般公共预算约束式（10）可以变形为：

$$G_t + (1 + R_{1t})B_t - B_{t+1} + E_t = T_t + F_t$$

将政府一般公共预算约束式（10）和企业的生产函数代入家庭的预算约束式（2）中，得到：

$$Y_t = C_t + I_t + G_t + E_t \tag{11}$$

那么，中性税制下的经济的竞争性均衡由下列差分方程组系统组成：

$$\frac{1}{C_t} = \beta E_t \frac{1}{C_{t+1}}[R_{t+1} + (1 - \delta)] \tag{12}$$

$$\frac{1}{C_t} = \beta E_t \frac{1}{C_{t+1}}(1 + R_{1t}) \tag{13}$$

$$\frac{W_t}{C_t} = \theta N_t^x \tag{14}$$

$$W_t = (1 - \alpha)(1 - \phi_t^Z \tau_z \mu) A_t K_t^\alpha N_t^{-\alpha} \tag{15}$$

$$R_t = \alpha(1 - \phi_t^Z \tau_z \mu) A_t K_t^{\alpha-1} N_t^{1-\alpha} \tag{16}$$

$$Y_t = A_t K_t^\alpha N_t^{1-\alpha} \tag{17}$$

$$Z_t = \mu Y_t = \mu A_t K_t^\alpha N_t^{1-\alpha} \tag{18}$$

$$F_t = \phi_t^Z \tau_z Z_t = \phi_t^Z \tau_z \mu A_t K_t^\alpha N_t^{1-\alpha} \tag{19}$$

$$Q_{t+1} = Z_t + \varphi Q_t - \gamma E_t \tag{20}$$

$$Y_t = C_t + I_t + G_t + E_t \tag{21}$$

$$K_{t+1} = I_t + (1 - \delta)K_t \tag{22}$$

$$E_t = F_t + \frac{(1 - b)}{b}G_t \tag{23}$$

$$\ln\phi_t^Z = \rho_z \ln\phi_{t-1}^Z + \varepsilon_{z,t} \tag{24}$$

$$\ln A_t = \rho_A \ln A_{t-1} + \varepsilon_{A,t} \tag{25}$$

$$\ln G_t = (1 - \rho_g)\ln(\omega Y) + \rho_g \ln G_{t-1} + \varepsilon_{g,t} \tag{26}$$

本书的均衡条件由多个差分方程和多个变量构成，且生产率服从均值为 0 的 AR（1）过程，其稳态值可标准化为 1。需要说明的是，在均衡方程中，并没有出现一次总付税和政府债务。当然，也可以在均衡条件中增加政府一般公共预算约束，但是这会导致增加 1 个方程和 2 个变量。而在本书的一般均衡环境中，政府一次总付税和政府债务的混合融资不确定，且与均衡动态不相关。另外，根据李嘉图等价定理，政府债务筹资和征税是等价的。因此，可以假设每一期政府一般公共预算支出只由税收融资，且得到相同的均衡动态。本章只关注政府环境治理支出的融资方式和政府一般公共预算支出的动态，而不关注一般公共预算支出的融资形式。

2. 扭曲性税制

在这个部分，我们替换掉一次总付税的中性税制的假设，且假设政府对家庭的劳动收入和资本收入征税，设定扭曲性税率分别为 τ_N 和 τ_K。我们假设政府外生控制两种税率变化，因此，我们可以分析扭曲性税率变化的宏观经济与环境效应。

根据上述假设，政府依靠对家庭劳动收入和资本收入征税以及发行债务来取得收入。家庭的预算约束变为：

$$C_t + I_t + B_{t+1} = \left(1 - \frac{\tau_N}{\phi_t^N}\right) W_t N_t + \left(1 - \frac{\tau_K}{\phi_t^K}\right) R_t K_t + \Pi_t + (1 + R_{1t}) B_t \tag{27}$$

其中，τ_N 和 τ_K 是政府对家庭劳动和资本分别征收的所得税税率，ϕ_t^N 和 ϕ_t^K 分别表示劳动所得税率外生冲击和资本所得税率外生冲击。其他变量与式（2）的含义相同。因此，家庭在新的预算约束下，实现跨期贴现效用现值最大化的一阶条件变为：

$$\frac{1}{C_t} = \beta E_t \frac{1}{C_{t+1}} \left[\left(1 - \frac{\tau_K}{\phi_{t+1}^K} \right) R_{t+1} + (1 - \delta) \right]$$

$$\frac{1}{C_t} = \beta E_t \frac{1}{C_{t+1}} (1 + R_{1t})$$

$$\frac{\left(1 - \frac{\tau_N}{\phi_t^N} \right) W_t}{C_t} = \theta N_t^x$$

所得税率外生冲击服从 AR（1）过程，其变化方程为：

$$\ln\phi_t^N = \rho_N \ln\phi_{t-1}^N + \varepsilon_{N,t}$$

$$\ln\phi_t^K = \rho_k \ln\phi_{t-1}^K + \varepsilon_{K,t}$$

其中，ρ_N 为劳动所得税税率一阶自回归系数，$\varepsilon_{N,t}$ 为劳动所得税率外生冲击；ρ_K 为资本所得税税率一阶自回归系数，$\varepsilon_{K,t}$ 为资本所得税率外生冲击。

扭曲性税制环境下，企业行为并不受影响，因此，其一阶条件仍然为要素价格等于边际产品。

政府预算约束中的一次总付税变成扭曲性税收：

$$T_t = \frac{\tau_N}{\phi_t^N} W_t N_t + \frac{\tau_K}{\phi_t^K} R_t K_t$$

其他均衡条件不变，那么，在扭曲性税制环境中，经济的竞争性均衡由以下差分方程组系统组成：

$$\frac{1}{C_t} = \beta E_t \frac{1}{C_{t+1}} \left[\left(1 - \frac{\tau_K}{\phi_{t+1}^K} \right) R_{t+1} + (1 - \delta) \right] \tag{28}$$

$$\frac{1}{C_t} = \beta E_t \frac{1}{C_{t+1}} (1 + R_{1t}) \tag{29}$$

$$\frac{\left(1 - \frac{\tau_N}{\phi_t^N} \right) W_t}{C_t} = \theta N_t^x \tag{30}$$

$$W_t = (1 - \alpha)(1 - \phi_t^Z \tau_z \mu) A_t K_t^\alpha N_t^{-\alpha} \tag{31}$$

$$R_t = \alpha (1 - \phi_t^Z \tau_z \mu) A_t K_t^{\alpha-1} N_t^{1-\alpha} \tag{32}$$

$$Y_t = A_t K_t^\alpha N_t^{1-\alpha} \tag{33}$$

$$Z_t = \mu Y_t = \mu A_t K_t^\alpha N_t^{1-\alpha} \tag{34}$$

$$F_t = \phi_t^Z \tau_z Z_t = \phi_t^Z \tau_z \mu A_t K_t^\alpha N_t^{1-\alpha} \tag{35}$$

$$Q_{t+1} = Z_t + \varphi Q_t - \gamma E_t \tag{36}$$

$$Y_t = C_t + I_t + G_t + E_t \tag{37}$$

$$K_{t+1} = I_t + (1 - \delta) K_t \tag{38}$$

$$E_t = F_t + \frac{(1 - b)}{b} G_t \tag{39}$$

$$\ln \phi_t^N = \rho_N \ln \phi_{t-1}^N + \varepsilon_{N,t} \tag{40}$$

$$\ln \phi_t^K = \rho_K \ln \phi_{t-1}^K + \varepsilon_{K,t} \tag{41}$$

$$\ln \phi_t^Z = \rho_Z \ln \phi_{t-1}^Z + \varepsilon_{Z,t} \tag{42}$$

$$\ln A_t = \rho_A \ln A_{t-1} + \varepsilon_{A,t} \tag{43}$$

$$\ln G_t = (1 - \rho_G) \ln(\omega Y) + \rho_G \ln G_{t-1} + \varepsilon_{G,t} \tag{44}$$

在扭曲性税制环境中经济竞争性均衡的均衡条件由多个差分方程和多个变量构成。在扭曲性税制环境下，均衡条件中仍然没有政府债务，原因在上一部分已经论述。

第三节　参数校准

在这个部分，我们对式（12）至式（26）中的参数进行校准，所有数据来自历年《中国统计年鉴》《中国能源统计年鉴》、Wind 数据库、世界银行数据库、IPCC 报告及前人研究成果。所有名义值都以 1978 年为基年转换成实际值。CO_2 相关数值的测算、GDP 周期等相关计算参见第四章。

对于环境税政策，由于中国还未开征碳税，《中华人民共和国环境保护税法》也并未规定碳税税率，那么，根据本书理论模型部分的假设，环境税专款专用于环境治理支出，2015 年全国财政环保节能项支出占 GDP 的比重约为 0.6%，而上文测算出的排放系数为 0.601，据此反推出我国环境税率为 1%，因此，本章校准的环境税率稳态值 $\tau = 1\%$，而政府减排支出的效果参数为 0.345。

对于中国的资本份额及资本折旧率，中国学者估算的中国资本份额为 46.3%～69.2%，估算的资本折旧率为 0.04～0.1。利用 1953～2013 年的相关数据，使用校准实验得到的中国资本份额为 0.1，结果与郭庆旺和贾俊雪（2005）估算结果相似；资本折旧率为 0.09，与黄赜琳和朱保华（2015）选取的资本折旧率相似。因此，本章校准的资本折旧率取 0.1，将模型参数取上述值。

对于主观贴现率，参照多数学者的研究，国内外大部分文献取值在 0.934 左右，因此，本章将主观贴现率 β 设置为 0.934，且王君斌和王文甫估计中国的劳动供给弹性为 3。因此，本章校准的中国劳动供给弹性 $\chi = 3$，劳动供给负效用 $\theta = 0.5$，服从 Markov 过程的技术冲击系数来自黄赜琳和朱保华（2015）的研究，他们利用我国 1978～2011 年宏观经济数据，得到相应的技术冲击一阶自回归系数为 0.73，即 $\rho_A = 0.72$。

从 1978～2014 年的政府消费性支出占 GDP 的比重来看，其一直为 14% 左右，因此，本章政府消费性支出占产值比重的校准参数 $\omega = 0.14$，且利用政府消费性支出数据，采用 ARIMA 模型计算的我国政府消费性支出的一阶自回归系数为 0.43，这一结果与黄赜林和朱保华（2015）的结果（0.418）也较为接近，因此，本章将政府支出一阶自回归系数设置为 $\rho_g = 0.43$。

对于中国劳动所得税和资本所得税的有效税率估计的文献大部分建立在 Mengdoza et al. 的基础之上，例如，梁红梅和张卫峰、刘沧容和马拴友等，此外，黄赜琳和朱保华（2015）也以刘沧容和马拴友估计的劳动所得税率和资本所得税率为其校准税率值进行中国税收政策的宏观经济效应分析。

第四节 财政政策的宏观经济与环境效应分析

在参数给定的情况下，接下来利用 Dyanre[①] 环境估计基准情形（无环境税情形）、征收环境税（专款专用）情形和减排支出（一般公共预算支出支持）情形下的宏观经济变量与环境变量的稳态水平，并模拟财政支出政策冲击、税收政策冲击和环境税政策冲击下的宏观经济变量与环境变量的动态响应路径。

1. 稳态分析

本部分主要分析中性税制环境下基准情景、专款专用情景和一般预算情景的宏观经济变量和环境变量的稳态水平变化率，如表 5-1 所示。

可以看出，与基准情形相比，中国征收环境税，且将环境税收入作为政府环境治理支出的唯一来源的情况下，环境税政策表现出"双降效应"，即征收环境税后，主要宏观经济变量与基准情形相比有所下降，下降幅度在0.57%以上，而自然环境中的 CO_2 存量下降 0.91%。这一结果与理论预期相同，理论上来说，环境税的开征会增加生产者的成本，从而使得企业生产活动减少。从减排成本的角度来看，减排支出占产量的比重为 0.6%。因此，"环境税的征收使得产出和碳存量均下降"的结果与 Annicchiarico 和 Di Dio（2015）的研究结论相一致。

从具体的传导机制来看：征收环境税情形与基准情形相比，有以下几种情况。①总供给负效应。由于环境税的开征增加了企业的生产成本，企业的最优反应是降低要素支出成本，资本存量下降 1.17%，但值得注意的是劳动增加 0.04%，这是因为环境税的征收使得工资率下降 1.21%，在收入效应的作用下，家庭会投入更多的劳动时间，从而最终导致产出下降 0.57%。②总需求负效应。一方面，在均衡状态下，产出的下降会使得家庭收入减少；另

---

① Dynare 是处理许多经济模型的软件平台，尤其对解析动态随机一般均衡模型（DSGE）和世代交叠模型（OLG）具有非常强大的功能。

一方面，环境税的征收产生了收入转移效应，即相较于基准情形，环境税的征收使得家庭的一部分收入（或者企业的一部分产出，本书隐含假设家庭拥有企业）通过环境税政策转移到政府部门，因此，政府部门环境税收入增加。在以上两方面的作用下，家庭收入减少，因此，家庭消费下降 1.32%，投资下降 1.17%。③环境质量正效应。一方面，产出的下降直接影响 CO_2 的排放量，其稳态水平相较于基准情形下降 0.57%；另一方面，由于减排支出的增加，CO_2 存量下降 0.91%。

表 5-1　三种情形下，宏观经济变量和环境变量的稳态值及其变化率（中性税制）

变量	基准情形	征收环境税(%)	减排支出(%)
消费 C	1.94	-1.32	-3.38
劳动 N	1.15	0.04	0.74
投资 I	1.01	-1.17	-0.47
产出 Y	3.44	-0.57	0.13
工资 W	1.48	-1.21	-1.21
利率 R	0.17	0	0
债券利率 R_b	0.07	0	0
资本 K	10.13	-1.17	-0.47
政府支出 G	0.48	-0.57	0.13
全要素生产率 A	1.00	1.00	1.00
CO_2 存量 Q	258.32	-0.91	-1.11
CO_2 排放量 Z	2.07	-0.57	0.13
减排支出 E	0	0.02	0.02

分析显示，政府减排支出的唯一资金来源为环境税时环境税政策对宏观经济与排放呈现"双降效应"。那么，当政府减排支出的资金不仅来源于环境税，还有一部分来源于一般公共预算支出时，环境税政策仍然具有"双降效应"吗？

从表 5-1 中的估计结果可以看出，在一般公共预算支出支持减排支出的情况下，环境税政策具有产出-环境"双重红利效应"，即开征环境税既提高了产出，又改善了环境质量。与此同时，环境税政策仍然呈现出需求-排放"双降效应"，即环境税的开征使得总需求下降，从而环境质量改善。

从传导机制来看：①总供给的正效应。在征收环境税且由一般公共预算支出支持情形下，环境税的开征使得产出增长 0.13%。一方面，环境税的开征依然加重了企业的成本负担，企业的最优反应仍是降低要素支出成本，资本投入下降 0.47%。另一方面，由于工资率的下降（下降幅度为 1.21%），企业反而增加了劳动投入，增长幅度为 0.74%。在劳动对资本的替代作用下，增加的劳动投入所对应的产出增量大于减少资本投入所对应的产出负增量，因此，环境税政策的总供给效应为正。②总需求的负效应。一方面，资本要素需求下降，资本收入下降。虽然劳动需求增加，但是工资率下降幅度大于劳动增加幅度，因此，劳动收入也下降，因此，家庭总收入下降。另一方面，政府收入增加，不仅增加了环境税收入，而且增加了一次总付税，因此，收入转移效应使得家庭可支配收入进一步下降。在上述两个方面作用下，家庭消费下降 3.38%，投资下降 0.47%。③环境的正效应。虽然产出增加，随着更多的 CO_2 排放量——其增长 0.13%，但是，从自然环境中的 CO_2 存量来看，环境质量仍改善了 1.11%，这主要是由于政府减排支出的增加。

在扭曲性税制环境下，主要效应和传导机制与在中性税制情形下类似，此处不再赘述，估计结果如表 5-2 所示。

表 5-2　三种情形下，宏观经济变量和环境变量的稳态值及其变化率
（扭曲性税制）

变量	基准情形	征收环境税（%）	减排支出（%）
消费 C	1.55	-1.30	-3.11
劳动 N	1.10	0.03	0.65
投资 I	0.52	-1.17	-0.56
产出 Y	2.40	-0.58	0.04
工资 W	1.09	-1.21	-1.21
利率 R	0.23	0	0
债券利率 R_b	0.07	0	0
资本 K	5.20	-1.17	-0.56
政府支出 G	0.34	-0.58	0.04
全要素生产率 A	1.00	1.00	1.00
CO_2 存量 Q	180.49	-0.92	-1.20
CO_2 排放量 Z	1.44	-0.58	0.04
减排支出 E	—	0.01	0.05

2. 方差分解

接下来，为了分析财税政策对宏观经济与环境质量的动态影响，方差分解和脉冲响应分析均在扭曲性税制环境下进行。根据 Sims 提出的方差分解方法，可以通过分析每一种政策冲击对宏观变量变化的贡献程度，进而评价不同政策冲击的重要性。

从方差分解结果来看，不同财政政策冲击中，对主要宏观经济变量及环境变量波动贡献最大的是财政支出冲击，除对劳动、政府减排支出波动的解释力分别为 70.15% 和 61.51% 外，对其他宏观经济变量和环境变量波动的解释力均在 90% 以上。由于本书假设财政支出的唯一来源渠道为政府一般税收入，这就意味着政府减排支出波动程度的 61.51% 来自政府一般税税收变动，另外，减排支出波动的 38.47% 可以被环境税冲击解释。

表 5-3　财政政策冲击对宏观变量波动的贡献率

单位：%

	同时包含财政支出与税收				仅包含税收		
	财政支出冲击	环境税率冲击	劳动所得税率冲击	资本所得税率冲击	环境税率冲击	劳动所得税率冲击	资本所得税率冲击
消费 C	96.17	2.50	0.13	1.20	65.31	3.31	31.38
劳动 N	70.15	0.11	27.54	2.19	0.38	92.27	7.35
投资 I	98.30	0.49	0.23	0.98	28.94	13.30	57.76
产出 Y	95.85	2.27	1.08	0.81	54.60	25.91	19.49
资本 K	97.10	2.06	0.16	0.68	71.06	5.62	23.32
政府支出 G	99.98	0.01	0.00	0.00	60.04	19.74	20.22
CO_2 存量 Q	90.99	7.85	0.43	0.72	87.19	4.80	8.01
CO_2 排放量 Z	95.85	2.27	1.08	0.81	54.60	25.91	19.49
减排支出 E	61.51	38.48	0.01	0.01	99.97	0.02	0.01

注：表中同类下的占比合计应为 100%，因四舍五入，可能有适当偏差。

如果只考虑政府税收政策冲击，那么，三种税收政策冲击对各宏观经济变量和环境变量波动的贡献率如表 5-3 所示。环境税率冲击对消费、产出、资本、政府支出、CO_2 存量、CO_2 排放量以及减排支出等变量的波动贡献率均在54%以上。值得注意的是，虽然环境税率冲击对 CO_2 排放量波动的贡献程度达到54.60%，但是劳动所得税率冲击和资本所得税率冲击对 CO_2 排放量波动的贡献也不能忽略，它们的贡献程度分别达到25.91%和19.49%。

3.动态分析

虽然方差分解能定量分析不同财政政策冲击对宏观经济变量与环境变量影响的重要性，但是这种方法的分析结果比较粗略，不能显示宏观经济变量与环境变量受到财政政策冲击后的响应程度及响应路径，即不同财政政策变动后，宏观经济变量与环境变量的变化方向、变化程度以及动态演变路径。本书采用脉冲响应函数分析财政政策冲击对中国宏观经济变量与环境变量的动态影响。本书在时期 $t=1$ 时，分别给予财政支出、环境税率、劳动所得税率和资本所得税率1个标准差的变动，即是说 $\varepsilon_{G,t}=1$、$\varepsilon_{Z,t}=1$、$\varepsilon_{N,t}=1$、$\varepsilon_{K,t}=1$。从理论分析中引入的财政政策冲击形式，上述1个标准差的变动意味着积极的财政政策和更严格的环境税政策。然后，计算出宏观经济与环境系统中所有宏观变量随时间演化的响应值。所有的结果都是跨度为20期的初始稳态偏离百分率。

图5-1呈现了财政支出政策冲击下主要宏观经济变量和环境变量的脉冲响应，即在初期增加财政支出，各主要宏观经济变量和环境变量的动态响应路径。

在初始期，增加财政支出，①总供给方面。产出、劳动立即出现正向调整，资本存量立即出现负向调整。从图5-1可以看出，暂时性增加财政支出，产出立即正向偏离稳态水平，上升0.02，但随着时间的推移，产出在第二期出现负向偏离稳态水平，并持续下降到第四期，随后逐渐开始回升，最终回到稳态水平，受暂时性增加财政支出冲击的产出效应呈现U形动态响应路径。一方面，由于财政支出暂时性增加，总需求扩张，引致效应推动劳动工资率上涨，劳动供给增加0.02，随着财政支出冲击影响的减弱，劳动工资率回落，劳动供给也逐渐下降，最终回到稳态水平。另一方面，财政支出增加，对私人投资及资本挤出效应加大，资本投入立即负向偏离稳态水平0.25，资本的动态响应路径也呈现U形动态响应路径。在上述两个方面的作用机制下，受暂时性增加财政支出冲击的产出效应呈现U形动态响应路径。

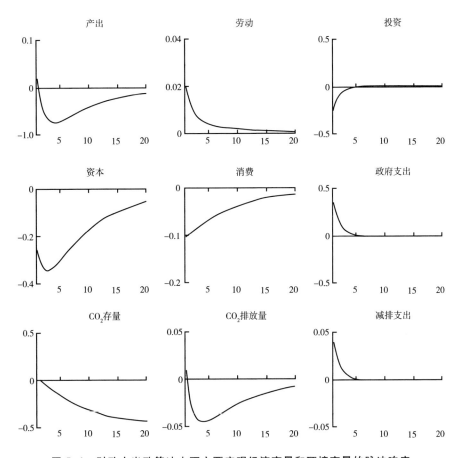

图 5-1　财政支出政策冲击下主要宏观经济变量和环境变量的脉冲响应

②总需求方面。财政支出是总需求的一个重要组成部分，虽然公共需求增加，但是财政支出由税收融资，财政支出的增加意味着税收增加，家庭的一部分收入通过税收转移到政府部门，家庭收入减少，因此，家庭消费立即负向偏离稳态 0.1，投资也立即下降 0.25，随后家庭消费和投资均逐渐上升，回到稳态水平。③环境质量方面。财政支出暂时性增加，产出立即出现正向调整，CO_2 排放量随之出现正向调整，随着产出的下降，CO_2 排放量也出现下降；而随着产出逐渐回到稳态水平，CO_2 排放量也回到稳态水平。CO_2 排放量呈现 U 形动态响应路径。但从 CO_2 存量的动态变化路径来看，在研究期内，CO_2 存量

一直呈现下降趋势。

本章设置环境税率暂时性提高 0.01，宏观经济变量和环境变量的动态响应路径（见图 5-2）。从图 5-2 中可以看出，环境税率暂时性提高 0.01，产出立即出现负向调整，在产出的动态调整过程中，企业负担加重，且会发现其最优生产规模，企业产出会逐渐下降，并低于初始稳态水平，然后开始上升回到稳态水平，呈现 U 形动态响应路径。产出呈现 U 形动态响应路径的原因在于，面对暂时性的环境税率提高，一方面，劳动立即出现负向调整，并逐渐上升回到稳态水平；另一方面，投资立即出现负向调整，并逐渐上升回到其稳态水平，在投资的动态调整过程中，资本存量立即出现负向调整，并由于受资本折旧的影响，呈现先下降后逐渐上升回到稳态水平的 U 形动态响应路径。另外，面对暂时性的环境税率提高，家庭消费支出立即出现负向调整，并呈现 U 动态响应路径，先下降后逐渐上升回到稳态水平。

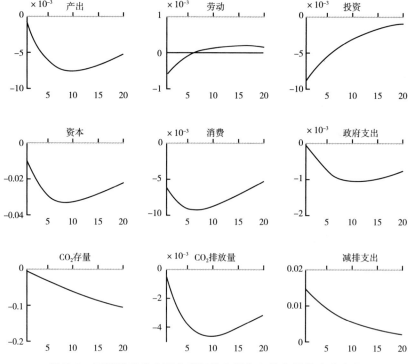

图 5-2　环境税率冲击下宏观经济变量和环境变量的脉冲响应

从图 5-2 中可以清晰地看到，暂时性的环境税率提高使 CO_2 存量立即出现负向调整，且环境税率提高对 CO_2 存量的动态影响时期较长，在研究期内，其存量一直下降，这主要是由于环境税的征收使得产出中的一部分从家庭转移到政府部门，这种转移支付效应使得政府有能力进行减排。CO_2 排放量也出现负向调整，且出现先下降后上升的 U 形动态响应路径。但是在企业最优生产规模和政府减排行为的双重影响下，CO_2 存量仍然呈现下降动态响应路径。

本章设置劳动所得税率暂时性下降 1 个标准差，即临时性减税政策冲击，从图 5-3 中可以看出，①总供给效应。产出立即出现正向调整，偏离

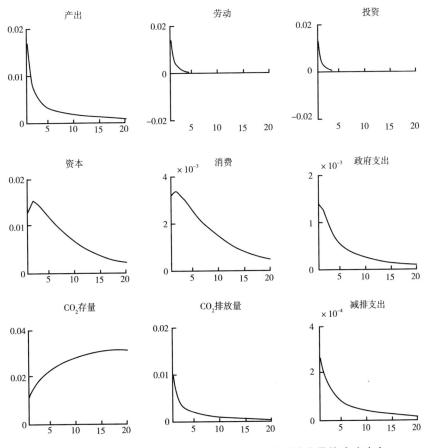

图 5-3　劳动所得税率冲击下宏观经济变量与环境变量的脉冲响应

初始稳态水平 0.018，随后逐渐下降回到稳态水平。一方面，劳动所得税率的下降，使得家庭拿到的单位劳动所得提高，家庭享受闲暇的机会成本提高，在劳动和闲暇的替代作用下，家庭更多地供给劳动，劳动市场的供求机制下，厂商投入更多劳动，因此，劳动立即正向偏离稳态水平 0.018。另一方面，资本也立即正向偏离稳态水平 0.013，上升至最高点后，逐渐回落到稳态水平，呈现倒"U"形变化路径，这是由于初始期，投资的上升超过资本折旧，但随着投资逐渐下降，资本折旧超过新增投资。②总需求效应。产出增长，家庭收入增加，可支配收入增加，家庭拥有更多的资源在消费和储

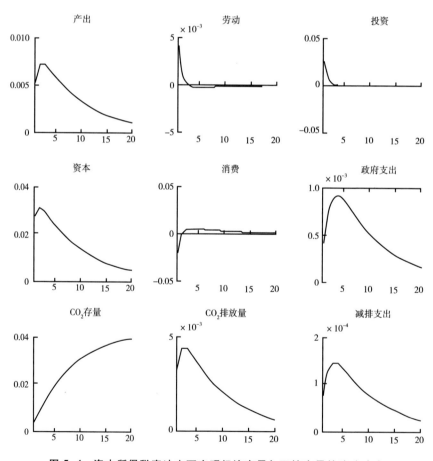

图 5-4　资本所得税率冲击下宏观经济变量与环境变量的脉冲响应

蓄之间进行配置，因此，家庭消费和投资均立即出现正向调整，分别偏离稳态水平 0.0032 和 0.012，家庭将增加的可支配收入更多用于储蓄，是因为中国家庭的边际储蓄倾向较高。③环境效应。随着产出的增长，CO_2 排放量也立即出现正向调整，偏离稳态水平 0.01，随后逐渐下降回到稳态水平。而 CO_2 存量也立即出现正向调整，偏离稳态 0.01，但其在研究期内，一直处于上升趋势，虽然政府减排支出增长，但其增长幅度较小，因此，政府减排支出的减排效应小于产出的排放效应，导致 CO_2 存量一直上升。

面对资本所得税率的暂时性下降，宏观经济变量与环境变量的动态响应路径如图 5-4 所示。①总供给效应。产出立即出现正向调整，偏离稳态 0.005，随后逐渐上升到 0.007 开始反转下降，回到稳态水平，呈现倒"U"形动态响应路径。资本所得税率的下降，使得家庭从单位资本中获得的收入增长，家庭更多地储蓄，在资本市场上，厂商更多地投入资本，因此，资本立即出现正向偏离稳态。此外，劳动投入也立即出现正向调整，但资本所得税率暂时性下降冲击对劳动的影响程度较弱。②总需求效应。产出的增长，一部分通过税收转移到政府部门，另一部分成为家庭的收入，家庭收入增加，收入在消费和储蓄之间配置，家庭在资本所得税率下降的激励下更多地储蓄，致使家庭储蓄（等于投资）立即正向偏离稳态 0.025，消费则负向偏离稳态 0.02。③环境效应。CO_2 排放量出现小幅正向调整，且与产出的动态响应路径相同，先上升，后下降，最后回到稳态水平。从 CO_2 存量水平来看，资本所得税率下降冲击也能使 CO_2 存量立即出现正向调整，且在研究期内，也一直处于上升趋势。相较于劳动所得税率冲击的影响，资本所得税率冲击对 CO_2 存量水平的影响更大，这一结果与前面的方差分析结果相一致。

第五节　结论及政策含义

改革开放 40 多年来，我国经济社会取得了举世瞩目的成就，但随着经济水平的不断提高，随之而来的环境承载压力也越来越大，资源环境约束已成为我国未来可持续发展的重要制约因素。2016 年的《政府工作报告》和"十三五"规划纲要、2018 年起施行的《中华人民共和国环境保护税法》均提出要加大环境财政支出，环境污染治理已经成为全社会的共识。以往研究环境问题主要集中于微观经济学领域，而忽略环境或者环境政策、财政政策与宏观经济之间的相互作用及其传导机制。基于此，本章构建了一个四部门 RBC 模型，并引入财政支出冲击、环境税率冲击、劳动所得税率冲击和资本所得税率冲击，分析基准情形、征收环境税情形以及减排支出情形下，宏观经济变量和环境变量的稳态变化率、不同冲击对其波动贡献率及不同冲击下其动态响应路径。通过分析，可以得到如下结论。

第一，中国征收环境税可以实现"双重红利"，即征收环境税后，稳态产出水平提高，稳态 CO_2 存量水平下降。与基准情形相比，开征环境税，且政府减排支出仅来源于环境税收入时，并不能实现"双重红利效应"，产出会下降 0.57%，CO_2 存量下降 0.91%。如果政府减排支出资金除了来源于环境税收入，还来源于一般公共预算支出，开征环境税则能实现"双重红利效应"，产出增长 0.13%，CO_2 存量下降 1.11%。

第二，环境税率的提高，在短期内会表现为抑制产出，随着动态调整，企业成本的增加会使得企业产出持续下降，但由于环境税率提高是暂时性的，因此产出等宏观经济变量最终回到稳态水平。环境税率的提高对 CO_2 减排具有显著的效果，但是对于减少 CO_2 存量作用时间较长。

第三，财政政策变动不仅会影响经济，还会影响 CO_2 存量。财政政策的变动，无论是财政支出变动还是税收政策变动，都对 CO_2 有显著的影响，财政支出变化对 CO_2 存量变动的贡献率达到 90.99%，所得税率变动也对 CO_2 存量波动有较大影响。财政支出的暂时性扩张会引起 CO_2 存量持续下降；而所得税率的下降，则会引起 CO_2 存量的上升，其中资本所得税率对其影响更大。根据 Heyes（2000）、Lawn（2003）、Sim（2006）、Decker 和 Wohar（2012）等学者提出的 IS-LM-EE 模型，扩张性财政政策会使 IS 曲线右移，产品货币市场均衡点与环境均衡曲线的相对位置，即财政政策的环境引致效应，取决于财政政策变化引起的环境均衡曲线的变动程度。综上所述，理论上，财政政策变动会引起环境均衡的变动，从本书的实证结果来看，财政政策的变动也会引起环境质量的变动。

通过研究，可以为未来我国 CO_2 减排提出一些政策建议。第一，应尽快开征环境税，并增加政府减排支出，且减排支出资金来自环境税和一般公共预算收入，在此种模式下，环境税的开征在短期内非但不会对经济产生负面效应，反而会实现"双重红利效应"。第二，除了环境税政策和减排支出政策，财政支出政策也会影响环境质量，适度增加财政支出刺激，虽然产出会由于挤出效应而在短期内出现下降，但环境质量可在较长时间内持续改善。第三，税制结构也会影响环境质量，要使中国税制结构更加"绿色"，应该降低劳动所得税率，提高资本所得税率。降低劳动所得税率对产出刺激作用较大，引起的环境负效应较小。与此同时，提高资本所得税率，对产出的抑制作用较小，对环境质量的改善效应较大。综上所述，未来中国不仅要完善环境税收和减排支出体系，更应该注重改革财政体系，使得财政体系更加绿色化，这也有利于引导中国绿色发展。

第六章　中国财政环保支出增长的原因分析

> 在科学研究中，是允许创造任何假说的，而且，如果它说明了大量的、独立的各类事实，它就上升到富有根据的学说的等级。
>
> ——达尔文

第一节　引言

财政是国家治理的基础和重要支柱，财税预算制度及其体制机制是否科学合理，直接影响国家治理能力的高低。国家治理的范围包括政治、经济、文化、社会以及生态文明等各个领域。在现代市场经济条件下，政府及其财政的基本职能是提供公共服务、矫正外部性，其中，促进生态文明建设是政府的重要职责。生态是各种力量相互制约、交互作用、协同共生的结果，生态文明并不是自然生态的"文明"状态，而是人类要用文明的方式来对待生态环境。说到底，就是人类要尊重自然、敬畏自然，人类要与自然和谐共生。生态环境属于公共品，而且是最普惠的民生福祉。

上一章研究了财政收入对宏观经济与环境的影响，本章转向财政支出的影响。面对越来越严峻的生态环境形势，中国财政环保支出的相对规模仍处于较低水平，但财政环保支出的绝对规模逐年增长，如表6-1所示，从2007年的995.82亿元增长到2015年的4802.89亿元，大多数年份财政环保支出增长率远超当年 GDP 增长率和财政支出增长率，2015 年财政环保支出增长率更是达到 25.87%。

表 6-1　2007~2015 年财政环境保护支出绝对规模、相对规模、增长率及占 GDP 比重

单位：亿元，%

	2007 年	2008 年	2009 年	2010 年	2011 年	2012 年	2013 年	2014 年	2015 年
财政环保支出绝对规模	995.82	1451.36	1934.04	2441.98	2640.98	2963.46	3435.15	3815.64	4802.89
财政环保支出相对规模	2.00	2.32	2.53	2.72	2.42	2.35	2.45	2.51	2.73
财政环保支出增长率	—	45.75	33.26	26.26	8.15	12.21	15.92	11.08	25.87
占 GDP 比重	0.37	0.46	0.56	0.60	0.55	0.55	0.41	0.60	0.70

注：财政环保支出绝对规模是指按照当年价格计算的国家财政环境保护支出总额；财政环保支出相对规模是指财政环境保护支出规模占当年财政支出总规模的比重。

　　那么是什么因素驱动中国财政环保支出的快速增长？是供给因素主导，还是需求因素主导？这正是本章要深入探讨的问题。供给端的成本增长被许多学者用来解释其他公共部门的快速增长，例如，公共教育支出的增长（Chen 和 Moul，2014）、公共健康支出的增长（Hartwig，2008；Colombier，2012）。鲍莫尔（1967）首先研究了成本增长引起的部门规模扩大，因此，许多学者将这一效应称为鲍莫尔效应。然而，鲍莫尔效应的解释又不能令人十分满意，Cowen（1996）提出了收入效应或恩格尔效应，即由于消费者的收入增长，其对公共服务的需求增加，导致公共服务支出增长。

　　对于政府规模的扩大，学者从以下几个方面研究其机制：一是经济开放促使公共服务供给能力和公共服务需求变化，从而影响政府规模（毛捷等，2015）；二是政府内部门利益分化导致政府规模扩大（高楠、梁平汉）；三是城市化引起的政府规模膨胀（余华义）。提供公共服务是政府的基本职能，公共服务支出增长是政府规模扩大的最重要表现之一。

公共教育服务和公共健康服务是政府提供的两项重要的民生公共服务，也是学术界研究最多的两项公共服务。Manabu 分析了公共教育支出增长的原因。Hartwig（2008）、Santerre 和 Colombier（2012）则探讨了公共健康支出增长的驱动因素。

与其他公共服务研究相比，环境公共服务的研究较少。环境支出可以促进经济增长，财政环保支出作为环境支出的主要部分也具有经济增长效应。因此，关于财政环保支出的研究文献主要关注财政环保支出的经济增长效应，即财政环保支出所支持的环境公共服务提升健康资本或者促进技术进步（薛钢、陈思霞），从而最终刺激经济增长。在此基础上，政府所提供的公共品是人力资本生产的重要投入要素，因而公共支出规模和结构也会对环境质量产生影响（陈思霞、卢洪友）。还有部分学者研究了地方竞争所引起的环境支出增长（张征宇和朱平芳，2010）和财政环保支出效率及其影响因素（潘孝珍）。

而有关财政环保支出增长影响因素的研究则较少，Barman 和 Gupta（2010）分析了生产性公共支出对于私人资本和财政环保支出的挤出效应，结果显示生产性公共支出和国民收入的最优比率小于财政环保支出占竞争性产出的份额，并且这一比率与排放系数的大小成反比。Selden 和 Song（1995）在新古典增长框架下，分析了收入与财政环保支出的关系，并得出财政环保支出与收入之间呈现"J"形关系。而陆旸和郭路（2008）则认为从理论上看，财政环保支出与收入之间呈"S"形关系。卢洪友、祁毓则分析了中国财政环保支出的现状，并给出优化财政环保支出的路径。

从国内外的研究来看，政府规模的扩大、公共服务支出的增长都是关注的重点领域，而环境公共服务的研究相对较少，对于财政环保支出增长的驱动因素的实证研究则处于空白。与现有研究相比，本章在以下几个方面有所创新：①本章构建了一个简单的非均衡增长模型来考察财政环保支出增长的原因，并同时分析成本增长效应和收入效应；②实证测度了鲍莫尔效应和恩格尔效应的大小，并分析其相应的内在机理和传导机制。

第二节 理论分析

假设经济由两个生产部门——清洁型生产部门和污染型生产部门组成。现实经济中，服务业部门一般被当作清洁型生产部门，工业部门一般被当作污染型生产部门（Astrid Kander），因此，假设经济由服务业部门和工业部门组成，且没有人口增长。

根据鲍莫尔（1967）的非均衡增长理论，假设清洁型生产部门的生产率增速为 r_1，污染型生产部门生产率增速为 r_2，且 $r_1 < r_2$，[①] 即较之于污染型生产部门的生产率增速，清洁型生产部门生产率增速较慢，下标 t 均表示 t 期。且两个部门都是劳动密集型产业，则两个部门的生产函数形式如下：

$$Y_{1t} = A_1\, e^{r_1 t}\, L_{1t} \tag{1}$$

$$Y_{2t} = A_2\, e^{r_2 t}\, L_{2t} \tag{2}$$

其中，Y_{1t}、Y_{2t} 分别表示清洁型生产部门和污染型生产部门的产量；A_1、A_2 分别表示清洁型生产部门和污染型生产部门的初始生产率，且均为常数；L_{1t}、L_{2t} 分别表示清洁型生产部门和污染型生产部门的劳动投入量，且 $L_{1t} + L_{2t} = L_t$；$e^{r_1 t}$、$e^{r_2 t}$ 分别表示清洁型生产部门和污染型生产部门的时变增速。

假设两个生产部门的工资均以污染型生产部门的生产率增速增长，即两个生产部门的劳动工资率分别为：

$$W_{1t} = (1 + a)\, W_0\, e^{r_1 t} \tag{3}$$

$$W_{2t} = W_0\, e^{r_2 t} \tag{4}$$

其中，W_t 为时期 t 的劳动工资率；W_0 为初期劳动工资率，且为常数；a 为部门工资风险溢价。

一方面，经济中的两个部门之所以能以相同的工资增长率增长，是因为

[①] 需要注意的是，在时期 t，生产率增速的差异是指两个部门均衡状态的生产率增速差异，这并不意味着在未来的某些时期它们也不相等，详见 Daron Acemoglu 的论文。

在完全竞争的劳动市场中，劳动力会在清洁型生产部门和污染型生产部门之间自由流动，劳动力会在工资增速的引导下向工资增长快的部门流动，那么，工资增长快的部门劳动供给增加，从而工资增长放缓；而工资增长慢的部门劳动供给减少、工资增长加速，最终在两个部门的工资增速相同处达到劳动市场均衡。另一方面，对于清洁型生产部门，由于政府部门鼓励产业转型、清洁生产等，会对清洁型生产部门给予一定的补贴。在现实经济中，可能以优惠税收或直接补贴的形式实现，因此，这种政府扶持政策体现在清洁型生产部门的工资溢价中。

结合式（1）至式（4），两个部门的单位成本可以表示为：

$$C_{1t} = \frac{T\,C_{1t}}{Y_{1t}} = \frac{W_{1t}\,L_{1t}}{Y_{1t}} = \frac{(1+a)\,W_0}{A_1} e^{(r_2-r_1)t} \tag{5}$$

$$C_{2t} = \frac{T\,C_{2t}}{Y_{2t}} = \frac{W_{2t}\,L_{2t}}{Y_{2t}} = \frac{W_0}{A_2} \tag{6}$$

式（5）表明，随着时间的推移，清洁型生产部门的单位成本 C_{1t} 依赖污染型生产部门和清洁型生产部门的生产率增速之间的差额，两部门生产率增速的差距（r_2-r_1）变大，清洁型生产部门受到鲍莫尔成本疾病[①]的影响就越严重。当 $r_1=r_2$ 时，鲍莫尔成本疾病能够被"治愈"，但是在非均衡增长理论中，这种情况不存在。

结合式（5）和式（6），可以得到两个部门的相对成本为：

$$\frac{C_{1t}}{C_{2t}} = (1+a)\,\frac{L_{1t}/\,Y_{1t}}{L_{2t}/\,Y_{2t}}$$

上述各式变形为：

$$\frac{C_{1t}}{C_{2t}}\frac{Y_{1t}}{Y_{2t}} = (1+a)\,\frac{L_{1t}}{L_{2t}} = M$$

其中，M 为常数，因为在劳动市场处于均衡状态时，清洁型生产部

---

① Hartwig 指出，实际产出之间不变的比值意味着大比例的名义 GDP 将分配给技术进步慢的部门，这种对技术进步慢的部门的支出转移就是"鲍莫尔成本疾病"。

门的劳动与污染型生产部门的劳动之比为常数。因此，两个部门的产出比为：

$$\frac{Y_{1t}}{Y_{2t}} = \frac{A_1 M}{A_2(1+a)}\, e^{(r_1-r_2)t} \tag{7}$$

从式（7）可以发现，由于 $r_1<r_2$，随着时间的推移，清洁型生产部门和污染型生产部门的产量之比最终会趋向于 0，即 $\lim_{t\to\infty}\frac{Y_{1t}}{Y_{2t}}=0$。这就意味着，随着时间的推移，清洁型生产部门的产量会下降，并最终下降为 0。根据 Baumol（1967）、Hartwig（2008），假设两个部门的产量比保持为常数，这可能是由于政府补贴的存在，或者是产品的需求价格缺乏弹性，又或者是需求收入富有弹性。那么，就可以得到：

$$\frac{Y_{1t}}{Y_{2t}} = \frac{A_1 L_{1t}}{A_2\, e^{(r_2-r_1)t} L_{2t}} = m \tag{8}$$

其中，m 表示清洁型生产部门与污染型生产部门的产出之比。

结合式（1）、式（2）和式（8），以及 $L_{1t}+L_{2t}=L_t$，我们可以得到清洁型生产部门和污染型生产部门的劳动投入量分别为：

$$L_{1t} = \frac{A_2 m\, e^{(r_2-r_1)t} L_t}{A_1 + A_2 m\, e^{(r_2-r_1)t}} \tag{9}$$

$$L_{2t} = \frac{A_1 L_t}{A_1 + A_2 m\, e^{(r_2-r_1)t}} \tag{10}$$

回到式（5），清洁型生产部门的单位支出与污染型生产部门和清洁型生产部门的生产率之差有关。但是在实际经济中，两个部门的生产率是不可测的变量，即鲍莫尔变量不可测，因此，在实证研究中需要使用调整的鲍莫尔变量（ABV），一些学者将调整的鲍莫尔变量定义为平均工资增长率与全行业劳动生产率增长率之差。根据 Hartwig（2008）、Colombier（2012），经济的总产出 $Y_t = Y_{1t}+Y_{2t}$，人均产出（人均收入）$y_t=\frac{Y_t}{L_t}$，那么，从式（1）、式（2）、式（9）和式（10）可以得到：

$$y_t = \frac{(1+m)\,A_1\,A_2\,e^{r_2 t}}{A_1 + A_2 m\,e^{(r_2 - r_1)t}}$$

上式两边取对数，并对时间去差分得到人均产出增长率为：

$$\Delta \ln y_t = r_2 - \frac{(r_2 - r_1)\,A_2 m\,e^{(r_2 - r_1)t}}{A_1 + A_2 m\,e^{(r_2 - r_1)t}}$$

结合式（3）和式（4），可以得到：

$$\Delta \ln W - \Delta \ln y_t = \frac{(r_2 - r_1)\,A_2 m\,e^{(r_2 - r_1)t}}{A_1 + A_2 m\,e^{(r_2 - r_1)t}} = l_t(r_2 - r_1) \tag{11}$$

其中，$l_t = \dfrac{L_{1t}}{L_t}$。将式（11）重排得到 $r_2 - r_1 = \dfrac{1}{l_t}(\Delta \ln W - \Delta \ln y_t)$，清洁型生产部门劳动份额倒数乘以平均工资增长率与人均产出增长率之差即为调整鲍莫尔变量。

将式（5）写成 $C_{1t} = \dfrac{T\,C_{1t}}{Y_{1t}} = \dfrac{T\,C_{1t}}{L_t}\dfrac{L_t}{Y_t}\dfrac{Y_t}{Y_{1t}}$，定义 $c_{1t} = \dfrac{T\,C_{1t}}{L_t}$，表示人均财政环保支出，那么 $\Delta \ln c_{1t} = \Delta \ln C_{1t} + \Delta \ln y_t$，则由上述各式可以得到：

$$\begin{aligned} \Delta \ln c_{1t} &= \Delta \ln C_{1t} + \Delta \ln y_t = (r_2 - r_1) + \Delta \ln y_t \\ &= \frac{1}{l_t}(\Delta \ln W - \Delta \ln y_t) + \Delta \ln y_t \end{aligned} \tag{12}$$

式（12）表明，清洁型生产部门的单位支出与该部门的劳动投入占全行业劳动份额、平均工资增长率、人均产出增长率有关。通过理论分析，可以得到以下三个待检验假设：

假设 1：中国的人均财政环保支出增长"患有"鲍莫尔成本疾病，即中国人均财政环保支出增长由污染型部门与清洁型部门生产率差异引起。

假设 2：中国的人均财政环保支出增长具有恩格尔效应，即中国的人均财政环保支出增长率随着人均产出增长率的提高而提高。

假设3：中国的人均财政环保支出增长的恩格尔效应大于鲍莫尔效应。

有些研究者分析，在经济发展过程中经历了随着收入水平的提高环境质量先下降，而后随着收入水平的继续提高，环境质量开始提高（Grossman 和 Krueger，1995），这就是环境库兹涅茨曲线（EKC）。环境质量与人均收入呈现倒"U"形或"N"形关系。关于中国环境库兹涅茨曲线存在性的研究并没有得出一致结论，有的学者认为中国环境库兹涅茨曲线存在拐点（蔡昉等，2008；林伯强和蒋竺均，2009），有的学者认为中国环境质量与经济增长并没有表现出显著的环境库兹涅茨曲线（刘笑萍等，2009），而有的学者认为中国的环境污染与经济增长之间关系不确定（张红凤等，2009）。因此，本章给出第四个待检验假设。

假设4：中国存在倒"U"形环境库兹涅茨曲线，即中国人均财政环保支出增长率与人均收入增长率呈现倒"U"形关系，但表现出较弱的稳健性。

第三节　经验结果

1.变量及数据来源说明

根据上述理论分析，人均财政环保支出增长率与调整鲍莫尔变量和人均产出增长率有关，并结合前人的相关研究，本章建立如下回归方程：

$$\Delta\ln c_{it} = \alpha_0 + \alpha_1 \frac{1}{l_{it}}(\Delta\ln W_{it} - \Delta\ln y_{it}) + \alpha_2\Delta\ln y_{it} + Z_{it}\beta + u_i + \varepsilon_{it} \tag{13}$$

其中，α_0 为截距项，α_1 为鲍莫尔变量系数；Z_{it} 为控制变量向量，β 为控制变量系数列向量；u_i 为个体特征；ε_{it} 为随机扰动项。

因变量 c_{it} 为 i 省第 t 期人均财政环保支出，财政环保支出在财政支出中对应于"一般公共支出"中的"节能环保"支出项目，本章所用人均财政环保支出指标为各省财政节能环保支出除以各省总就业人数，其增长率为对数差分的结果；W_{it}是 i 省第 t 期平均工资，主要为城镇单位就业人员平均工资；y_{it} 为 i 省第 t 期的人均产出，用各省地区生产总值除以各省总就业人数；l_{it} 表示清洁型生产部门投入的劳动份额，用各省总就业人数减去第二产业就业人数，然后除以总就业人数；$\dfrac{1}{l_{it}}$（$\Delta\ln W_{it}-\Delta\ln y_{it}$）表示调整鲍莫尔变量；控制变量向量 Z_{it} 包括人均产出增长率的二次方项 $\Delta\ln y_{it}^2$ 和人均产出增长率的三次方项 $\Delta\ln y_{it}^3$。

选择人均产出增长率的二次方项和三次方项作为控制变量主要是依据环境库兹涅茨曲线以及环境支出与经济增长的"S"形关系。一方面，国内外已经有很多学者从理论和实证两个方面研究了环境库兹涅茨曲线的倒"U"形关系，这说明人均产出增长率的二次方项对环境质量产生显著影响（Grossman 和 Krueger，1995；蔡昉等，2008；林伯强和蒋竺均，2009）。另一方面，Selden 和 Song（1995）认为环境支出与经济增长之间存在"J"形曲线关系，而陆旸和郭路（2008）则从新古典增长理论中推导出环境支出与经济增长之间存在"S"形曲线关系，因此，本章将人均产出增长率的三次方项引入回归模型作为控制变量，实证检验中国财政环保支出与经济增长之间是否具有"J"形曲线或者"S"形曲线关系。

以上指标中的价值量均已剔除价格因素，表示实际值。上述指标的数据来自 2008~2014 年《中国统计年鉴》、各省统计年鉴、《中国财政年鉴》、Wind 宏观经济数据库以及国家统计局数据库。上述变量的主要统计特征见表 6-2。

表 6-2 变量的主要统计特征

变量	均值	标准差	最小值	最大值	样本量
$\Delta\ln c_{it}$	0.157	0.216	-0.371	0.968	186
ABV_{it}	-0.002	0.071	-0.176	0.294	186
$\Delta\ln y_{it}$	0.091	0.048	-0.084	0.206	186
$\Delta\ln y_{it}^2$	0.011	0.009	9.85×10^{-8}	0.042	186

续表

变量	均值	标准差	最小值	最大值	样本量
$\Delta \ln y_{it}^3$	0.001	0.002	-0.001	0.009	186
$\Delta \ln W_{it}$	0.089	0.034	-0.058	0.175	186
l_{it}	0.746	0.102	0.490	0.903	186

注：（1）表中的标准差、最小值和最大值均为所有样本标准差、最小值、最大值；（2）由于31个省份7年的数据计算各个变量的增长率时，每个省份只有6年增长率数据，因此样本量为186。

2. 结果解读

从表6-3中的回归结果来看，调整的鲍莫尔变量在10%的显著性水平下显著为正，三个回归方程的鲍莫尔系数为0.604~0.835，这表明中国环境公共部门存在鲍莫尔成本疾病。中国财政环保支出随着成本支出的增长而不断增长，成本增长率与生产率增长之间的差距越大，财政环保支出增长率也越大。中国财政环保支出治理绩效不彰的原因可能就是财政环保支出增长大部分补偿了环境公共部门的成本增长，而没有真正用于环境保护。

值得注意的是，鲍莫尔成本疾病所引起的财政环保支出的快速增长并不意味着中国财政环保支出规模已经很大，而仅仅说明财政环保支出会逐年快速增长。那么，鲍莫尔成本疾病会使中国财政环保支出不可避免地增长而使中国陷入两难的困境吗？这一问题的答案不确定，许多学者认为财政环保支出会不可避免地增长且政策无效（Jochen Hartwig，2008；Carsten Colombier，2012），但根据鲍莫尔的解释，鲍莫尔成本疾病并未表明环境公共服务质量的改进以及环境部门的技术进步都能提高环境公共部门的生产能力，从而补偿财政环保支出的增长。另外，对鲍莫尔成本疾病会导致政府陷入两难困境也有不一致的观点，Andersen和Kreiner认为经济增长帕累托改进的空间给政府税收增长留下很大调控空间，因此，政府不需要额外调整税收政策进而避免造成更大扭曲，而只需要专注于提高目前经济运行效率增加税收，从而支持财政环保支出增长。

表 6-3　回归结果

$\Delta \ln c_{it}$	(1) FE	(2) RE（GLS）	(3) RE（MLE）
ABV_{it}	0.835* （0.430）	0.604* （0.345）	0.604* （0.344）
$\Delta \ln y_{it}$	1.462** （0.615）	1.049** （0.497）	1.049** （0.511）
Cons.	0.025** （0.055）	0.063 （0.046）	0.063 （0.049）
个体效应	控制	控制	控制
Sigma_u_i	0.075	0.000	0.000
Sigma_ε_{it}	0.220	0.220	0.213

注：（1）括号中列出稳健标准误；（2）***、**、*分别表示1%、5%、10%显著性水平下显著。

从表6-3看，人均收入增长率系数均在5%显著性水平下显著，说明存在恩格尔效应；人均收入增长率系数全部大于1，也说明环境公共服务对于居民来讲是奢侈品，这与Frederik和Lundström、Holkos和Paizanos的观点相一致。可能富人能享受到更多优良质量的环境，而穷人则从环境公共服务中受益不多，因此，从激励机制上看，穷人没有受到激励去进行环境保护；从约束机制来看，穷也负担不起环境保护的成本。总之，这样的环境保护激励约束机制不可行。

3. 稳健性分析

根据环境库兹涅茨曲线，本章引入人均收入增长率的二次方项 $\Delta \ln y_{it}^2$。增加控制变量的稳健性分析结果如表6-4中的（4）至（6）所示。加入人均收入增长率的二次方项后，调整的鲍莫尔变量和恩格尔变量的回归系数仍然显著为正。这说明，中国财政环保支出存在鲍莫尔效应和恩格尔效应的结果十分稳健。

从人均收入增长率的二次方项回归结果来看，其回归系数均为负数，但固定效应下的回归系数不显著，而随机效应下的回归系数均在5%的显著性水平下显著。这也意味着中国财政环保支出增长率与人均收入增长率存在倒"U"形关系，随着人均收入增长加快，财政环保支出增速先上升后下降。

表 6-4　增加控制变量的稳健性分析结果

$\Delta \ln c_{it}$	(4) FE	(5) RE(GLS)	(6) RE(MLE)	(7) FE	(8) RE(GLS)	(9) RE(MLE)
ABV_{it}	0.816 * (0.431)	0.624 ** (0.339)	0.624 * (0.341)	0.822 * (0.432)	0.624 * (0.340)	0.624 * (0.343)
$\Delta \ln y_{it}$	2.154 ** (0.805)	2.634 *** (0.761)	2.634 *** (0.928)	2.211 *** (0.662)	2.636 *** (0.714)	2.636 *** (1.009)
$\Delta \ln y_{it}^2$	−4.216 (4.097)	−9.339 ** (4.026)	−9.339 ** (4.583)	−6.057 (7.298)	−9.393 (8.506)	−9.393 (11.705)
$\Delta \ln y_{it}^3$				8.972 (44.554)	0.260 (44.207)	0.260 (51.328)
Cons.	0.007 (0.055)	0.017 (0.043)	0.017 (0.053)	0.009 (0.060)	0.017 (0.044)	0.017 (0.054)
个体效应	控制	控制	控制	控制	控制	控制
Sigma_u_i	0.072	0.000	0.000	0.072	0.000	0.000
Sigma_ε_{it}	0.221	0.220	0.210	0.221	0.221	0.210

注：（1）FE 表示固定效应模型；RE 表示随机效应模型；GLS 表示广义最小二乘；MLE 表示极大似然估计。（2）括号中列出稳健标准误。（3）***、**、* 分别表示 1%、5%、10% 显著性水平下显著。

根据陆旸和郭路（2008）提出的环境支出与经济增长的"S"形关系，本章引入人均收入增长率的三次方项 $\Delta \ln y_{it} 3$。回归结果如表 6-4 中的（7）~（9）所示。从回归结果可以看出，调整鲍莫尔变量和恩格尔变量的回归系数仍然显著为正。这一结果再次验证中国财政环保支出存在鲍莫尔效应和恩格尔效应的结论十分稳健。

加入人均收入增长率的三次方项后，原本显著为负的二次方项回归系数变得不显著，但其回归系数仍然为负，且三次方项的回归系数并不显著。此外，本章还对研究样本进行再抽样 500 次，其稳健性回归结果如表 6-5 所示。回归结果显示，调整鲍莫尔变量与恩格尔变量的回归系数仍然显著为正，结果十分稳健。且财政环保支出的成本弹性（鲍莫尔弹性）仍小于 1，即缺乏弹性；财政环保支出的收入弹性（恩格尔弹性）大于 1，即富有弹性。

表 6-5　再抽样 500 次后的稳健性回归结果

$\Delta \ln c_{it}$	（10） FE	（11） FE	（12） RE（GLS）	（13） RE（GLS）
ABV_{it}	0.835 ** (0.412)	0.818 ** (0.414)	0.604 * (0.340)	0.624 * (0.341)
$\Delta \ln y_{it}$	1.462 ** (0.596)	2.154 ** (1.074)	1.049 ** (0.483)	2.634 *** (0.921)
$\Delta \ln y_{it}^2$		-4.216 (5.394)		-9.339 * (4.898)
Cons.	0.025 (0.511)	0.007 (0.057)	0.063 (0.045)	0.017 (0.047)
个体效应	控制	控制	控制	控制
Sigma_u_i	0.075	0.072	0.000	0.000
Sigma_ε_{it}	0.220	0.221	0.220	0.221

注：（1）FE 表示固定效应模型；RE 表示随机效应模型；GLS 表示广义最小二乘；MLE 表示极大似然估计。（2）括号中列出稳健标准误；（3）***、**、* 分别表示 1%、5%、10% 显著性水平下显著。

4. 中国环境库兹涅茨曲线的存在性

正如张红凤等（2009）的研究结论，中国环境污染与经济增长之间不确定的关系主要依赖于环境质量指标的选取。对于环境质量指标选取的不同，例如选取 CO_2（林伯强和蒋竺均，2009）、SO_2（刘笑萍等，2009），其所研究的环境质量（环境污染物）与人均收入之间是否存在显著的倒 U 形曲线关系的结论也会有所不同。对此，本章认为环境质量（环境污染物）包含多层次、多维度的内容，仅仅选择某一种环境质量指标势必有些偏颇，其结论也值得商榷和进一步探讨，因此，产生上述不一致结论甚至相反的结论，也是可预期的。

基于此，本章利用财政环保支出作为环境质量的代理变量，其合理性在于：①财政环保支出主要用于防治环境污染，改善环境质量，促进环境事业发展；②财政环保支出作为价值量，相当于各种环境污染物乘以其影子价格，因此可以有效反映环境质量的综合情况；③中国环境污染防治、环境改善与环境事业发展责任主要由政府承担，环境支出也主要来源于政府公共支出。另外，结合 Selden 和 Song（1995）与陆旸和郭路（2008）的研究，本章认为通过人均财政环保支出与人均收入之间的关系可以证明环境质量与经济发展之间的环境库兹涅茨曲线假说。

从稳健性检验的结果来看，加入人均收入增长率二次方项 $\Delta \ln y_{it}^2$ 后，其回归系数为-4.216 和-9.339，人均收入增长率二次方项系数符号为负号，即中国人均财政环保支出增长率与人均收入增长率呈现倒"U"形关系，即中国存在倒"U"形环境库兹涅茨曲线，中国人均财政环保支出增长速度随着人均收入增长速度的加快而加快，先上升，到达拐点 E 后又下降，如图 6-1 所示。但从回归模型的固定效应和随机效应来看，中国环境库兹涅茨曲线假说成立具有较弱的稳健性，人均收入增长率平方项的回归系数在固定效应模型中均不显著，而随机效应模型中均在 10% 的显著性水平下显著。

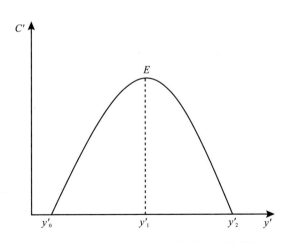

图 6-1 中国的倒"U"形环境库兹涅茨曲线

从上述结果来看，中国环境质量存在较弱的内生改善机制，用于环境质量改善的公共支出也随之变化，即随着经济发展，居民收入提高，中国环境质量也会进入环境库兹涅茨曲线的下行路径，环境质量得到改善，财政环保支出的增长速度也从初期的快速增长到逐渐下降。中国引进清洁生产技术，提高环境友好产品和服务的份额，环境损害经济活动相对减少，国民收入持续增长，环境质量跨过环境库兹涅茨曲线顶点，环境质量逐渐改善。中国不仅学习了国外的清洁生产技术和经验，还借鉴了国外的环境政策，跨越"命令-控制"型环境政策阶段，实施环境经济政策，尤其是环境税、环境贴补等环境激励机制，从而直接制定和实施更有效的环境政策。但即使得到这种比较乐观的结论，我们也必须认识到，中国环境质量的内生改善机制稳定性较弱，中国环境质量与经济发展仍没有跨越拐点，王伟光和郑国光（2014）预计中国碳排放峰值将在 2030 年前后达到，并在峰值附近持续较长时间，随后缓慢进入下行路径。因此，中国目前的整体环境质量与经济发展关系还处于环境库兹涅茨曲线的上升路径中，有些发达地区可能已经跨越拐点，而更多的中西部发展中地区或欠发达地区仍处于拐点左侧阶段（蔡昉等，2008）。

第四节　结论与政策含义

本章将财政环保支出纳入非均衡增长理论，探讨了中国财政环保支出增长的原因。

综合上文分析，中国财政环保支出增长由供给端引起，也由环境需求端引起，即中国财政环保支出增长由清洁型生产部门生产率与污染型生产部门生产率间的差额引起，清洁型生产部门生产率增长不能弥补成本增长，即中国财政环保支出增长既存在鲍莫尔效应，同时也存在恩格尔效应或收入效应，并且财政环保支出增长的收入效应占主导。需要注意的是，中国环境经济政策尤其是环境财政体制的有效性以及地区发展不平衡都对中国环境质量与经济发展能否跨越环境库兹涅茨曲线拐点，实现双重红利效应至关重要。另外，国际产业转移，欧美发达国家将污染型生产部门转移至发展中国家的这种"以邻为壑"的做法，对发展中国家环境质量构成非常大的危险（卢洪友和许文立，2015）。

第七章 中国财政环保支出的
配置方式研究

> 在面对代理人（可能是一个私人代理人，也可能是一个政府）提出的一系列情形与目标时，一个机制设计者能提供信息有效的分散化决策机制，这些机制能使代理人达到其合意目标。
>
> ——赫维茨和瑞特，*Designing Economic Mechanisms*，2006

第一节 引言

全球气候变暖已经越来越显著地受到人类活动的影响（IPCC，2014；Aghion et al.，2016），而气候变暖会造成严重的后果也已越来越成为人类社会的一致看法（蔡昉等，2008），即对全球造成巨大的经济损失。全球气候变暖主要源于人类生产生活所排放的温室气体（GHG），其中以 CO_2 为主。

早在 2009 年，中国政府就制定了减排目标：到 2020 年，单位 GDP 碳排放量比 2005 年下降 40%～45%。2014 年在中美首脑关于气候变化的联合声明中，中国政府重申了上述目标，并提出到 2030 年前后达到碳排放峰值。中国也是《巴黎协定》最重要的推动国之一，并在巴黎气候变化大会上再次明确了中国的减排承诺。[①] 国家"十三五"规划纲要进一步确定了能源气候方面更高要求的目标：单位 GDP 能源消耗年均累计下降 15%，单位 GDP CO_2 排放年均累计下降 18%。"十三五"规划是一个典型的绿色发展战略规划，将应对气候变化作为中国践行绿色发展战略的重要内容。表面上看，中国的碳减排承诺以及减排行动是出于外部压力，但更重要的是受国内经济发展方式转变的内在动力所驱使（蔡昉等，2008；国务院发展研究中心课题组，2011）。国务院发展研究中心课题组指出，节能减排难度大、个别地方出现"拉闸限电"等现象，并不是由于节能减排目标过高，更多的是由于机制设计方面的问题导致。而这个机制问题主要体现在市场减排机制与政府减排机制等方面所表现出来的缺陷。

随着中国市场化改革逐渐深入，在环境保护与节能减排领域也逐步引入市场化机制。按照"使市场在资源配置中起决定性作用和更好地发挥政府作用"的原则，厘清环境保护与节能减排领域中市场与政府的边界至关重要。[②] 自斯密以来，经济学的核心问题就是探讨市场机制和政府机制在资源配置中的角色（Acemoglu et al.，2008）。在环境治理与节能减排领域，经济学家认为市场机制在资源优化配置方面优于政府机制，但就减排效果来讲，政府机制的作用更显著（国务院发展研究中心课题组，2011）。那么，在中国，市场减排机制与政府减排机制到底孰优孰劣？碳减排过程中政府必须完全退出吗？如果不能完全退出，政府机制应如何与市场机制协调，从而形成一个更有效的激励约束机制呢？这些都是本章关注的问题。本章的贡献

[①] 第 21 届联合国气候变化大会于 2015 年底在法国巴黎举行，会议期间，184 个国家提交了"国家自主贡献"文件，涵盖全球碳排放量的 97.9%。巴黎气候变化大会的最重要成果就是通过《巴黎协定》。《巴黎协定》于 2016 年 4 月 22 日在联合国总部签署。中国一直积极推动《巴黎协定》的签署，于 2014 年 6 月、11 月分别与英国、美国发布了《中英气候变化联合声明》《中美气候变化联合声明》；2015 年 6 月、11 月分别与欧盟、法国发布了《中欧气候变化联合声明》《中法元首气候变化联合声明》，为《巴黎协定》的通过奠定了坚实基础。

[②] 2013 年发布的《中共中央关于全面深化改革若干重大问题的决定》中指出，完善主要由市场决定价格的机制，发展环保市场，建立吸引社会资本投入生态环境保护的市场化机制。2015 年，中共中央、国务院发布的《关于加快推进生态文明建设的意见》中指出，充分发挥市场在资源配置中的决定性作用和更好发挥政府作用，并明确提出推行市场化机制。

在于，首次将企业排放约束与减排激励纳入统一的分析框架，并构建一个包含市场激励约束机制在内的环境 RBC 模型（Enviromental RBC model，ERBC 模型），揭示不同减排机制下的生产-排放-减排均衡的内在机理；同时利用中国宏观经济与碳排放数据，测度市场减排机制和政府减排机制下的宏观经济与碳排放长期稳态值与短期波动效应，识别两种减排机制的经济及减排效应，得出中国政府财政节能减排支出借助于市场机制实现更为有效，亦即"强化市场型政府"的结论。

自从 1776 年亚当·斯密在《国富论》中发现了"看不见的手"，资源配置完全靠市场机制，政府职能被严格限定在安全及必要的公共工程范围之内。直到庇古论证了污染负外部性导致市场失灵，需要政府征收一个恰当的环境税来加以矫正，市场机制与政府机制相互交织在一起配置资源，逐步成为经济学特别是环境经济学研究的焦点。

激励约束型环境政策从 20 世纪 70 年代开始受到环境经济学界关注，此后，在环境经济领域几乎所有的理论假说或者研究均直接或间接地涉及激励约束机制问题。一是环境库兹涅茨曲线（EKC）假说的一种可能传导机制认为，政府规制措施在其中发挥着重要作用（Grossman 和 Krueger，1995）。Dioikitopoulos et al.（2016）认为政府出台的以经济增长为目标的政策导致了环境质量下降。Annicchiarico 和 Di Dio（2015）、卢洪友和许文立（2015）分别探讨了货币政策和财政政策对企业污染行为的影响效应。二是大部分"波特假说"（Porter 和 Linde；Lanoie et al.）文献认为政府的环境规制措施会引起企业技术进步（涂正革和谌仁俊，2015；Aghion et al.，2016）。还有一些学者研究了环境政策的激励作用，即环境技术补贴对企业行为的影响（Jaffe et al.，2002；Acemoglu et al.，2012；Acemoglu et al.，2016）。三是"污染避难所"假说也主要是探讨政府对污染企业施加环境约束，从而使企业生产成本上升，在环境规制下竞争力下降，进而转移到环境规制水平较低的不发达地区。其他一些学者研究了诸如非正式环境约束（Pargal 和 Wheeler）、信贷约束等对企业生产和污染行为决策的影响。

上述研究文献大部分关注发达国家的环境激励约束机制对企业生产和污

染决策的影响。近年来，发展中国家的激励约束型环境政策的潜在作用也开始受到学者的关注（Blackman 和 Harrington，2000）。Gautier（2016）从理论上分析了发展中国家采取环境税等约束型政策解决温室气体排放问题。而有关中国的相关研究也开始出现，例如 Bu 和 Wagner（2016）和 Zhao et al. 研究了中国环境约束措施对污染企业迁移及其空间分布的效应。国内学者的相关研究主要集中于环境税（刘凤良和吕志华，2009；姚昕和刘希颖，2010；林伯强和李爱军，2012；吴力波等，2014）、排放许可证（涂正革和谌仁俊，2015；汤维祺等，2016）以及行政管制（李树和陈刚；包群等，2013）等约束机制的探讨。此外，周权雄从理论和实证上分析了"企业污染减排激励为什么缺乏"；何小钢构建了研发支持与环境规制政策双重互动的绿色技术创新诱发机制模型，研究了激发绿色技术创新及其市场化应用的政策选择与效应。

一方面，由于环境外部性的存在，企业并不负担其环境成本，因此环境质量往往达不到社会合意的水平。另一方面，环境受益的跨期性又使得环境未来收益存在不确定性。这两方面的不完善为政府机制在节能环保领域发挥作用提供了可能性和必要性。但市场失灵只是政府干预的必要条件，而非充分条件，越来越多的证据表明政府干预失灵比市场失灵的后果更为严重。卢洪友和许文立（2015）探讨了政府机制和市场机制在生态环境领域各自的作用机理及条件。但是以上文献还没有从理论和经验实证两个方面来比较环境污染的市场减排机制与政府减排机制。虽然大量的文献在讨论环境税、排放许可证等机制的设计及效应问题，但也只是涉及政府环境约束机制下对企业污染减排的效应，鲜有文献从政府对企业减排正向激励角度分析企业减排行为及其传导机制。

第二节　理论模型

本章扩展 Heutel（2012）的 ERBC 模型。Heutel 关注最优环境税政策，而本章扩展的模型则从财政减排支出的角度关注不同减排机制的经济与减排双重效应。因此，本章引入了财政减排支出，且用于支持公共减排行为或者补贴企业减排行为。

本章 ERBC 模型设置如下：在一个分散、完全竞争的经济中，代表性企业做出生产和减排决策。假设在第 t 期企业生产行为只改变资本投入，即生产函数中只有一种生产要素——资本存量 K_{t-1}。在生产技术 A_t 下生产，生产函数采用 C - D 形式。为了将环境污染负外部性引入模型，参照 Sim（2006）、Heutel（2012）、Annicchiarico 和 Di Dio（2015）的研究，第 t 期污染存量 X_t 的负外部性会影响生产率，从而改变代表性企业的生产可能性曲线。[①] 因此，生产函数的形式设定为：

$$Y_t = [1 - x(X_t)]A_t K_{t-1}^{\alpha} \tag{1}$$

其中，Y_t 为企业产出量；$\alpha \in (0, 1)$ 为资本的产出份额，且表现出边际报酬递减；$x(\cdot)$ 为 $(0, 1)$ 上的增函数，表示污染存量的外部性程度，且 $x(X_t) = \gamma_0 + \gamma_1 X_t + \gamma_2 X_t^2$。

假设代表性企业的污染排放量是其产量的固定比例，且与企业减排努力程度 e_t 有关（Heutel，2012；Annicchiarico 和 Di Dio，2015）的研究，则企业污染排放量为：

$$Z_t = (1 - e_t)\mu Y_t \tag{2}$$

其中，μ 表示没有企业自主减排时的污染排放系数。根据 Annicchiarico 和 Di Dio（2015）的研究，将代表性企业减排成本设定为与其减排努力程度和产量有关的函数，并获得固定的政府补贴：

$$\mathscr{C}_t(e_t, Y_t) = \phi_1 e_t^{\phi_2} Y_t - G_{sub,t} \tag{3}$$

其中，ϕ_1、ϕ_2（$\phi_1 > 0$，$\phi_2 > 1$）是企业减排成本的技术参数；$G_{sub,t}$ 表示政府对企业减排活动的补贴，假设补贴是政府公共支出 G_t 的一定比例与企业减排努力程度 e_t 的函数，即函数形式设置为 $G_{sub,t} = aG_t e_t$，其中，a 表示补

[①] Chakraborti（2016）对美国三个州的企业进行研究后发现，在控制环境规制力度后，企业排污行为仍会受环境质量的影响。

贴系数。在此处，我们隐含假设财政减排支出来源于一般公共预算融资。卢洪友等研究表明，在中国，环境公共支出的一般公共预算融资方式优于环境税专款专用融资方式。

政府对企业征收排污税，税率设定为 τ，因此，代表性企业缴纳的排污税 ET_t 为：

$$ET_t = \tau Z_t \tag{4}$$

那么，代表性企业会选择最优的资本存量和减排努力程度来最大化其利润，即企业的目标函数为：

$$max\ \Pi_t = Y_t - R_t K_{t-1} - ET_t - C_t \tag{5}$$

其中，Π_t 表示企业第 t 期的利润；R_t 表示资本利率，其由资本成本内生决定。企业生产的产品和减排行为的价格均被标准化为 1。

根据企业最大化利润，解得企业的一阶条件为：

$$R_t = \left[1 - \tau(1 - e_t)\mu - \phi_1 e_t^{\phi_2} + a\varphi e_t \right] \alpha \frac{Y_t}{K_{t-1}} \tag{6}$$

$$\tau\mu + a\varphi = \phi_1\phi_2 e_t^{\phi_2 - 1} \tag{7}$$

污染存量的演化过程由三个因素决定，一是自然降解，本书假设污染以一个线性比率 η 降解；二是政府部门的污染减排行为 $G_{X,t}$，假设政府减排支出为政府公共支出的一定比例，即 $G_{X,t} = bG_t$，且其减排效果系数为 ω；三是企业污染排放量。则环境演化方程为：

$$X_t = \eta X_{t-1} + Z_t - \omega G_{X,t} \tag{8}$$

现在，我们来考虑代表性家庭的最优行为决策。假设家庭拥有资本，并将其资本租借给企业进行生产，企业向家庭给付资本利息，即家庭获得来自企业的资本收入或家庭拥有企业。因此，企业的利润最终成为家庭的收入来源之一。家庭向政府缴税，其税后收入用于消费和储蓄。假设家庭即时效用仅来自消费，且设家庭的跨期贴现效用函数为：

$$U_t = E_t \sum_{t=0}^{\infty} \beta^t u_t \tag{9}$$

其中，U_t 为家庭的跨期贴现效用；E_t 为期望算子；β 表示家庭主观贴现率；u_t 表示家庭即时效用，且采用 CES 形式，即 $u_t = \dfrac{c_t^{1-\sigma}}{1-\sigma}$，其中 σ 表示家庭相对风险厌恶系数。家庭预算约束为：

$$C_t + I_t = R_t K_{t-1} + \Pi_t - T_t \tag{10}$$

其中，C_t 为家庭第 t 期消费；I_t 表示家庭第 t 期储蓄；T_t 表示家庭缴税。且资本演化方程为：

$$K_t = I_t + (1-\delta) K_{t-1} \tag{11}$$

其中，$\delta \in (0, 1)$ 为资本折旧率。

家庭面临的最优化问题为选择最优消费和储蓄最大化跨期贴现效用，因此，解得家庭的一阶条件为：

$$C_t^{-\sigma} = \beta E_t C_{t+1}^{-\sigma} [R_{t+1} + (1-\delta)] \tag{12}$$

政府部门的收入来源为家庭的缴税和企业的排污税，其支出则有一般预算公共支出、企业减排补贴以及公共减排支出。假设政府遵循平衡预算规则，则政府预算约束为：

$$G_t = T_t + ET_t \tag{13}$$

假设政府公共支出与产出呈一定比例关系，即：

$$G_t = \varphi Y_t \tag{14}$$

其中，φ 为财政支出的产出敏感系数。此外，Gali、邓子基、唐文情均假设政府支出是产出的一个固定比例。

将相关各式代入家庭预算约束条件式（10）中，得到市场出清条件：

$$Y_t = C_t + I_t + G_t + \mathscr{C}_t \tag{15}$$

此外，假设经济波动由外生技术冲击所引起，且技术冲击遵循一阶自回归过程：

$$\ln A_t = \rho \ln A_{t-1} + \varepsilon_t \tag{16}$$

其中，ρ 为技术冲击的一阶自回归系数；ε_t 为外生冲击。

在上述污染排放-经济模型设置中，

①基准情形：如果 $a=b=0$，即没有财政减排支出；

②政府减排：如果 $a=0$，$b>0$，即安排财政减排支出，且将财政减排支出用于支持政府的减排行为，此时财政减排支出未用于企业减排补贴；

③市场减排：如果 $a>0$，$b=0$，即安排财政减排支出，且将财政减排支出用于补贴企业的减排活动，政府不直接进行减排活动。

第三节　参数校准

为了利用上述理论模型对中国碳减排机制的效应进行静态和动态分析，接下来，本章详细阐述理论模型的相关参数值。从国内外 DSGE 模型的研究文献来看，参数来源主要有两条途径，一是利用相关经济统计或调查数据，运用计量经济方法（例如，极大似然估计和贝叶斯估计）得到模型参数值。二是参考前人相关研究成果，并结合相关经济理论与经济实际情况得到模型参数值。由于计量经济方法需要大量的宏微观经济社会数据，其估计得到的参数值才较为准确，但其成本较高。而根据前人相关研究成果，一方面前人研究成果也是基于相似估计方法和数据得到参数值，另一方面参数校准成本较低且较为方便可行。因此，按照奥卡姆剃刀（Occam's Razor）原则，本章主要通过已有文献的相关研究成果校准本书理论模型中的大部分参数，其他一些参数则利用我国 1978~2014 年相关宏观经济与碳排放数据进行估算得到。

首先，校准环境相关参数。根据相关测算，中国目前的生产碳排放系数 $\mu = 0.601$。我们根据已有的物理化学与经济学相关研究来校准 CO_2 存量积累方程的相关参数。据本书 CO_2 存量积累方程 $X_t = \eta X_{t-1} + Z_t - \omega C_{X,t}$，降解比率 η

和政府减排效果系数 ω 为需要校准的参数，分别表示 CO_2 半衰期系数和政府治理效果。对于 CO_2 的半衰期，Nordhaus 以及 Falk 和 Mendelsohn 都选取了 139 年的半衰期，对应的半衰期参数为 0.995。Reily 和 Heutel 则选取了 83 年作为半衰期，对应的半衰期参数为 0.992。而 Moore 和 Braswell（1994）则选取了 19~92 年这个范围作为半衰期，对应的半衰期参数范围在 0.964~0.992。IPCC（2001）则选取 5~200 年作为半衰期，对应的半衰期参数范围在 0.871~0.997。正如 Annicchiarico 和 Di Dio（2015）采用 Heutel（2012）的半衰期一样，本书也采用 Heutel（2012）的 CO_2 的半衰期 83 年，对应的参数值 $\eta = 0.992$。

CO_2 浓度对生产率的影响已经有许多国外学者进行了研究（Heutel，2012；Annicchiaric 和 Di Dio，2015），但针对中国的相关测算仍处于空白。因此，本书主要参考国外学者的相关研究结果。Heutel（2012）采用 DICE-2007 模型校准了相关参数，Annicchiaric 和 Di Dio（2015）则借鉴 Heutel（2012）的参数值对环境 NK 模型参数进行校准，因此，对于本书的二次型 $x\ (X_t) = \gamma_0 + \gamma_1 X_t + \gamma_2 X_t^2$ 中的相关参数，也以 Heutel（2012）的参数值为校准值，即 $\gamma_0 = 1.3950e-3$、$\gamma_1 = -6.6722e-6$ 和 $\gamma_2 = 1.4647e-8$。对企业减排成本参数测算的研究，大部分学者参考 Nordhaus 的研究，例如 Annicchiaric 和 Di Dio（2015）。关于中国企业减排努力所需成本的测算也处于空白，因此，本书参考 Annicchiaric 和 Di Dio（2015）的做法，以 Nordhaus 的测算结果为本书企业减排努力成本参数的校准值，即 $\phi_1 = 0.185$，$\phi_2 = 2.8$。

对政府部门的减排效果参数，本书将其校准为 0.335（胡宗义等）。而对于碳税税率，由于中国还未开征碳税或者环境税，《中华人民共和国环境保护税法》也并未规定 CO_2 税率，本书参考已有研究对中国碳税的估算来校准碳税税率，将碳税税率校准值定为 2%（曹静、许文立等）。

其次，对于生产函数中的资本产出份额 α，大部分学者估计的中国资本产出差异较大，其占产出份额在 0.463~0.700 这个区间之内，例如，张军和章元（2003）估计的资本产出份额为 0.463~0.503；郭庆旺和贾俊雪

（2005）估计该份额为 0.692；黄赜林和朱保平（2015）测度的中国资本产出份额为 0.503；陈昌兵（2014）采用可变折旧率和时变资本产出比，测算得到了中国 1978~2012 年资本产出份额为 0.59~0.63。本书选取 $\alpha = 0.6$ 作为资本产出份额校准值，这是因为：①该校准值接近大部分学者估计值的区间均值；②该校准值也在陈昌兵（2014）估计区间内，且陈昌兵（2014）在其研究中认为劳动产出份额较为可靠的值为 0.4，因此，利用规模报酬不变的 C-D 函数形式很容易得到资本产出份额为 0.6。生产函数中的另一个需要校准的参数为生产率冲击的一阶自回归系数 ρ，我们参考黄赜林和朱保华（2015）的研究结果，将生产率冲击的一阶自回归系数校准为 0.72。而对资本折旧率 δ，张军和章元（2003）估计在 4%~5%，张健华和王鹏（2012）估计在 4.4%~6.1%，陈昌兵（2014）的估算值则为 5.6%，黄赜琳和朱保华（2015）校准的中国资本折旧率为 0.1。可见，大部分学者认为中国资本折旧率在 5% 左右。因此，我们选取 5% 作为中国资本折旧率校准值。

再次，对家庭偏好参数的校准，包括家庭主观贴现率 β 和家庭相对风险厌恶系数 σ。对中国家庭主观贴现率的研究较多，在宏观经济模型中所使用的主观贴现率主要分为两类：一类是与中国季度经济数据匹配，例如，陈昆亭等（2004）认为与中国季度宏观经济数据匹配的主观贴现率为 0.98；另一类是与中国年度经济数据匹配，例如黄赜林和朱保华（2015）使用的与中国年度宏观经济数据匹配的主观贴现率为 0.934。许文立等使用与黄赜林和朱保华（2015）相似的估算方法，利用中国 1978~2014 年 CPI 数据测算的社会贴现率为 0.948。因此，综合以上学者的研究结果，本书选取许文立等的估算结果 0.948 作为家庭主观贴现率的校准值。而对家庭相对风险厌恶系数，陈学彬等所使用的中国家庭相对风险厌恶系数为 0.77，黄赜琳和朱保华（2015）所使用的中国家庭相对风险厌恶系数为 0.7，因此，我们以均值 0.735 作为家庭相对风险厌恶系数校准值。

最后，对政府行为参数的校准，主要是政府财政支出占产出的比例 φ 和政府用于减排活动的支出占公共支出比例 a（或者 b）。从 1978~2014 年中国财政支出占 GDP 的比例看，其均值约为 0.19，我们将财政支出占产出的比例系数校准为 0.19。2007 年中国在财政预算科目中单列节能环保支出，节能环保财政支出占财政支出的比重为 2.36% 左右（卢洪友和许文立，2015），因此，我们将节能环保支出占财政支出比例的校准值设定为 0.0236。

第四节　不同配置下的经济增长与减排效应

本部分我们使用上述校准的参数值，利用数值方法探讨 RBC 模型的作用机理和传导机制。利用 Matlab 软件及 Dynare 软件平台，模拟三种不同减排机制下的宏观经济与碳排放稳态水平。三种减排机制分别是：基准情形（无财政减排支出）、政府减排机制（财政减排支出用于政府减排活动）以及市场减排机制（财政减排支出用于补贴企业减排活动）。同时，我们还计算了生产率的暂时性冲击对宏观经济与碳排放变量的脉冲响应，以此来实证 RBC 模型的作用机理与传导机制。考虑到在未来一段时期内，中国会采取更加严格的环境规制措施，在此预期下，我们预测了财政减排支出比例提高到 5% 情形下，未来 16 年的宏观经济与碳排放量及其 90% 置信区间。①

1. 稳态分析

表 7-1 呈现了三种减排机制下，宏观经济与碳排放稳态水平及其变化率。首先，从长期来看，政府财政支持碳减排活动可以实现双重红利效应。从表 7-1 可以看出，与基准情形相比，政府减排机制下，产出提高 0.0113%，大气中的 CO_2 存量下降 0.2739%；而市场减排机制下，产出提高了 0.1949%，大气中的 CO_2 存量下降 2.5252%。无论是政府减排机制还是市场减排机制，政府均会安排财政减排支出用于减排活动。也就是说，与无财

---

① 本书呈现的所有数值型结果全部由 Dynare 软件平台输出，且对原始结果进行整理后列出。Dynare 是一个处理 DSGE 模型的强大程序包，需要自行编写 Dynare 程序，并基于 Matlab 平台运行得到结果。本书的模型稳态值由编写的非线性方程组 Matlab 程序得到，而脉冲响应图和预测图则由 Dynare 软件平台输出的原始结果数据通过编写 Matlab 程序得到。

政减排支出的基准情形相比，政府减排支出对于提高经济产出、减少大气中 CO_2 存量均具有重要的作用。从产出效应和减排效应来看，市场减排机制在长期内优于政府减排机制。

从作用机理和传导机制来看，一方面，财政减排支出所产生的正经济效应主要是由政府财政支出对私人部门的挤出效应减小引起的。政府公共支出增加，经济中更多的产出从私人部门转移到公共部门。此时，政府安排财政减排资金用于碳减排活动，而非用于生产活动，从而减少对私人部门的挤出效应。因此，在长期均衡中，私人部门增加投资，资本存量也随之提高，产出增长。产出的增长给家庭带来更多的收入，因此，在长期均衡中，家庭也会提高其消费水平。值得注意的是政府安排财政减排资金对资本市场的长期均衡利率并没有产生影响，这是因为本书设置的经济环境处于完全竞争市场（无论是产品市场还是要素市场），因此，在完全竞争的资本市场中，受到财政减排支出的影响，资本供求立即变化，从而保持资本利率不变。

表 7-1　三种减排机制下宏观经济与碳排放稳态水平及其变化率

宏观变量	基准情形	市场减排机制	政府减排机制
产出 Y	13.2375	13.2633(0.1949%)	13.2390(0.0113%)
CO_2 排放量 Z	6.97241	6.79634(-2.5252%)	6.9732(0.0113%)
CO_2 存量 Q	871.551	849.543(-2.5252%)	869.164(-0.2739%)
减排努力 e	0.12360	0.147396(19.2524%)	0.1236(0)
消费 C	6.96979	6.98537(0.2235%)	6.97058(0.0113%)
利率 R	0.10485	0.10485(0)	0.10485(0)
资本存量 K	74.9112	75.1037(0.2570%)	74.9197(0.0113%)
投资 I	3.74556	3.75518(0.2568%)	3.74598(0.0112%)
减排成本 $\mathscr{C}$	0.00702	0.00276(-60.6838%)	0.00703(0.0014%)
排污税 ET	0.13945	0.135927(-2.5263%)	0.13946(0)
公共支出 G	2.51513	2.52004(0.1952%)	2.51541(0.0111%)

注：（1）表中所呈现的稳态值均为相对值，并不代表实际经济中的经济和碳排放水平；（2）括号中的百分比均为市场减排机制和政府减排机制相较于基准情形的稳态水平变化率。

另一方面，政府安排的财政减排资金支持政府减排活动或者补贴企业减排活动，均可使大气中的 CO_2 存量有所减少，但两者的作用机理和传导机制具有明显差异。在政府减排机制下，财政减排资金用于支持政府减排活动，政府直接治理大气中过多的 CO_2，在长期均衡中，CO_2 存量下降 0.27%，企业的碳排放量却增加 0.01%，这是产出增长所致。财政减排支出用于政府减排活动时，企业的减排努力并没有受到明显影响，企业的碳排放略微增加，进而使得企业的减排成本也略微提高。就是说，政府财政减排支出用于政府减排活动，虽然在长期均衡中可以促进经济增长，但对企业减排来说，效果不佳。

在市场减排机制下，财政减排资金用于补贴企业减排活动，企业受到来自政府的减排激励，在更低的减排成本（下降 60.6838%）下，企业的响应是充分利用低减排成本，实施更多的减排活动，减排努力大幅提高 19.2524%，CO_2 排放量下降 2.5252%。这一结果也可以证明式（7）的理论含义：与政府减排机制相比，市场减排机制下（a>0），企业最优减排努力由于企业所得到的 $\alpha\varphi$ 部分激励而提高。因为碳排放量的下降，所缴纳的排放税减少，企业拥有更多的资源进行生产，产出提高。由于企业碳排放量的下降，大气中 CO_2 的存量也下降，就是说，在政府财政减排资金激励下，企业付出更大的减排努力，碳排放量和碳存量均出现下降，与政府减排机制相比，市场减排机制的低碳效应更加明显。

2. 脉冲响应分析

上述是从静态角度分析了市场与政府两种减排机制对中国经济与减排的双重影响效应。更重要的是，随着经济发展，环境治理与节能减排是一个动态过程，减排机制也应适应这种动态调整过程。因此，我们利用脉冲响应函数（IRF）分析生产率的暂时性冲击对宏观经济与碳排放的动态影响效应及其调整路径。在初期给予生产率一个单位的正向冲击，即 $\varepsilon_1=1$，宏观经济变量和碳排放变量面对生产率的暂时性冲击会出现调整，并随着冲击影响力的衰退而呈现不同的变化路径。

图 7-1 呈现了宏观经济变量与碳排放变量面对生产率暂时性冲击的脉冲响应。可以看出，受生产率暂时性提高的影响，三种减排机制下，经济变

量偏离其稳态的幅度和调整路径几乎是一致的，而大部分碳排放变量偏离其稳态的幅度和调整路径则表现出一定差异，其中，差异较为明显的是企业减排努力和减排成本。

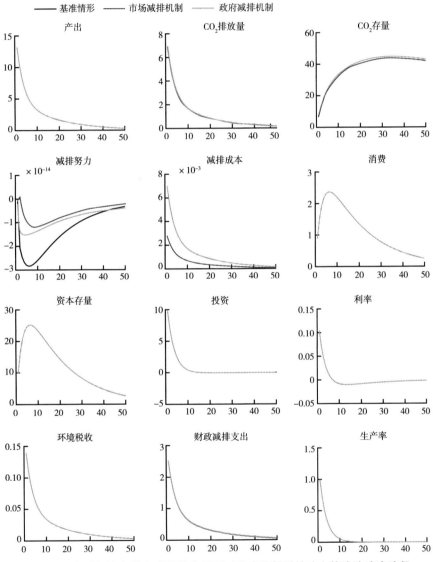

图 7-1 宏观经济变量和碳排放变量面对生产率暂时性冲击的脉冲响应路径

注：图中的三条线中，大部分变量都是重合的。"减排成本"中，基准情形和政府减排机制两条线比较接近，几乎重合。

面对生产率暂时性的提高，在三种减排机制下，经济中的产出、资本、消费和投资均立即出现正向调整，表现出顺周期性。在期初，企业生产率暂时性提高，企业为了充分利用生产率提高的优势，而增加资本投入，扩张生产，产出也在期初立即出现正向调整，但随着生产率冲击以某一速率衰减，产出也逐渐下降并回到稳态水平。从图 7-1 可以看出，经济的调整路径与生产率冲击的调整路径并不完全一致，这是因为生产率的冲击也会对家庭的消费-储蓄决策产生影响，进而影响资本市场中的资本供给，在资本供需作用下，才形成资本市场均衡。面对生产率的暂时性提高，资本存量在初期也会立即出现正向调整，但其峰值表现出时滞现象，即资本存量最大值出现在第 6 期左右，这是因为在期初，生产率提高使得投资增长，投资超过资本折旧，资本存量增加，但在第 6 期之后，新增投资不足以补充资本折旧，资本存量开始出现下降，最终表现出图 7-1 倒 "U" 形资本调整路径。同样，消费也随着生产率的提高而增加，其最大值也出现在第 6 期。消费与生产率最大值之间的滞后是由于消费在每一期都受到资源约束，消费依赖于资本存量，因此与资本存量的调整路径相同。生产率冲击对家庭决策的影响以及对资本市场的影响最终也传导至企业生产决策，使得企业的产出调整路径并非完全与生产率调整路径一致。

正如前文所述，面对生产率暂时性冲击，三种减排机制下碳排放相关变量的响应呈现一定的差异性。在期初，生产率提高，三种减排机制下 CO_2 排放量、环境税收以及财政减排支出的调整方向、调整幅度及调整路径几乎重合。CO_2 排放量与企业减排努力有关，且与企业产出呈线性关系，生产率的暂时性提高，使得企业扩大产出，企业 CO_2 排放量也随之上升，在企业减排努力不变的情况下，CO_2 排放量的动态调整路径跟随产出的调整路径。而根据式（4），环境税收为企业 CO_2 排放量的一个固定比例，因此，其动态调整路径也与 CO_2 排放量的动态调整路径一致。财政减排支出由于来源于政府的一般公共预算融资，而生产率的暂时冲击并不会影响到政府的预算制度，因此，财政减排支出的动态调整路径也与企业产出的调整路径一致。

从理论上看，面对生产率的提高，一方面，企业为了充分发挥高生产率的优势，会扩大生产，从而使 CO_2 排放量增加，因此企业需要更多的资源用于减排，进而增加减排成本。另一方面，由于产出增长，政府安排更多的财政减排资金，在市场减排机制中，企业获得更多的补贴，因此，减排成本下降。因此，在基准情形和政府减排机制下，企业的减排成本会上升，但是在市场减排机制下，企业的减排成本变化方向不确定。从图 7-1 可以看到，生产率的提高，三种减排机制下企业减排成本均上升，随着生产率暂时性冲击影响力的减弱，企业减排成本也逐渐回到稳态水平。但在基准情形和政府减排机制下，企业减排成本偏离稳态幅度较为接近；在市场减排机制下，企业减排成本偏离稳态的幅度相对较小。而从企业减排努力偏离其稳态的整体幅度来看，企业减排努力并未受到生产率冲击的明显影响，从企业最优减排努力的一阶条件可以看出，在三种减排机制下，其均为固定常数。

此外，大气中的 CO_2 存量由于经济扩张带来的更多碳排放而不断增长。但是值得注意的是，在市场减排机制下，CO_2 存量的上升幅度不大。

3. 情景预测

中国已发布了对未来一段时期内 CO_2 排放趋势的预测，即在 2030 年前后达到峰值（王伟光和郑国光，2014）。可以预见，在未来 15 年甚至更长时期内，中国环境规制会更加严格，环境财政支出占总财政支出的比例也会逐步提高。如前所述，中国未来应以市场减排机制为主，因此，以下预测仅针对市场减排机制模型，如图 7-2 和图 7-3 所示[1]。

---

[1]　本书只预测了 2015~2030 年宏观经济与碳排放值及其 90% 置信区间，这是因为前文所使用的数据为 1978~2014 年，而碳排放峰值预计在 2030 年达到。

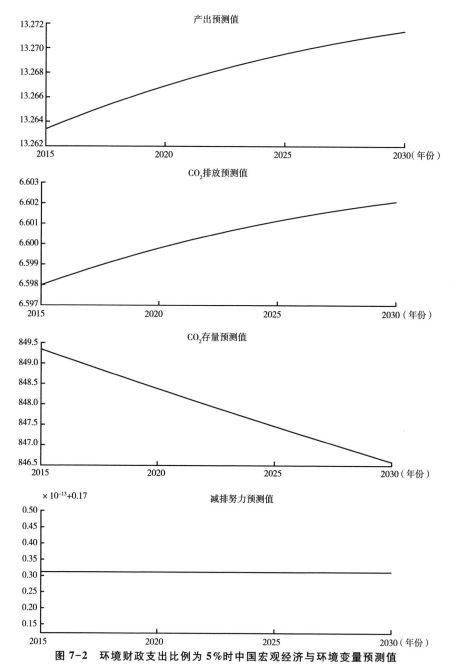

图 7-2 环境财政支出比例为 5% 时中国宏观经济与环境变量预测值

注：本书 DSGE 中，数值无单位。Y 轴的数值并非实际 GDP，而表示稳态的相对值。

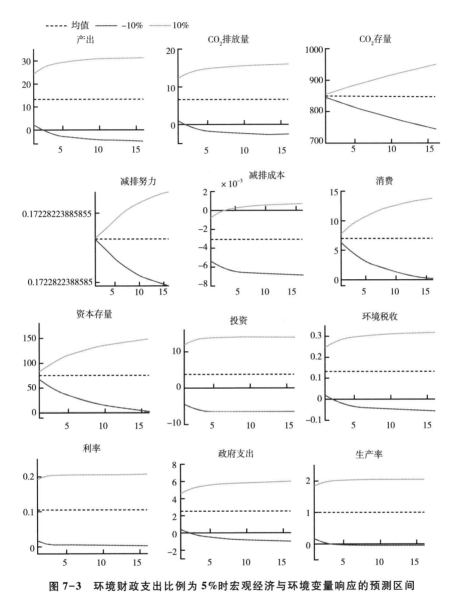

图 7-3　环境财政支出比例为 5% 时宏观经济与环境变量响应的预测区间

从图 7-2 中，可以看到主要宏观经济和环境变量的稳态水平预测值。当中国未来提高财政减排支出比例时，产出会逐年增加，大气中 CO_2 存量会逐年下降。虽然随着经济扩张，未来一段时期的碳排放量仍会继续增长，但从图 7-2 减排努力为水平线程度及表 7-1 看，仍有较大幅度提升，即减排努力稳态水平从 0.147 提升到 0.172，这也符合 21 世纪以来国外工业化国家的环境污染治理机制的演化路径。从欧盟统计局的相关数据可以看出，2000~2012 年欧盟市场生产者对环境保护支出比重绝大部分时间大于 60%（如图 7-4 所示），且呈现上升趋势。基于市场生产者对环境保护的支出额从 2001 年的 953.42 亿欧元增长到 2012 年的 1483.54 亿欧元，年均增长4.84%，远高于同时期欧盟 GDP 年均增长率（2000~2013 年欧盟年均增长率仅为 1.39%）。① 德国环保总开支 2009 年为 354.60 亿欧元，其中私有企业环保开支 191.70 亿欧元，私有企业占比超过 50%。欧美环境污染的市场治理机制较为完善，环境保护资金也主要依靠企业这样的市场主体来筹集。

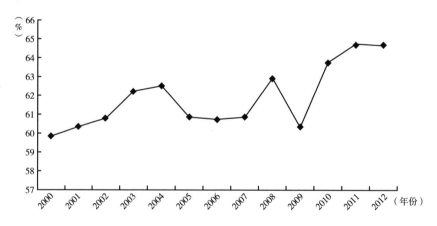

图 7-4　2000~2012 年欧盟市场生产者对环境保护支出比重

① 数据来源于欧盟统计局网站。本书所用的欧盟环境保护支出中非市场生产者环境保护支出原始数据名称为"公共部门"，包括中央、地区和地方政府，以及一些公共机构、非营利机构等非市场生产者；基于市场的生产者支出部分原始数据名称为"私有和公有的环境服务专业化生产者"，还有一部分是"商业部门"环境保护支出，但欧盟统计局网站没有欧盟的整体统计数据，且有统计数据的地区和国家这部分支出额较小，因此，本书市场生产者环境保护支出不包含"商业部门"环境保护支出。

第五节　本章小结

在未来相当长一段时期内，世界经济面临的核心挑战是碳减排问题以及限制气候变化（Acemoglu et al.，2016）。作为世界第二大经济体的中国自然需要承担重要的减排任务。面对艰巨的减排任务，中国应采取什么样的减排机制以及机制组合，才能取得最为有效的减排效果？本章通过构建一个包含市场减排机制和政府减排机制的 ERBC 模型，结合中国 1978～2014 年宏观经济与碳排放数据，实证研究了市场减排机制和政府减排机制的产出效应与减排效应，并揭示了两种减排机制的作用机理和传导机制，有以下几点结论。

第一，财政减排支出能够促进绿色发展，即增加财政减排资金，既可带来产出增长，又使大气中的 CO_2 存量下降。在基准情形下，政府不安排财政减排资金，在长期中，均衡产出为 13.2375，而大气中 CO_2 存量为 871.551；在市场减排机制或政府减排机制下，政府均安排财政减排资金，长期均衡产出在 13.2390 以上，于基准情形比增长超过 0.0113%，均衡 CO_2 存量在 869.164 以下，与基准情形比较，下降比例超过 0.2739%。

第二，从长期看，市场减排机制优于政府减排机制，市场减排机制的经济增长效应和碳减排效应更加明显。财政减排资金用于补贴企业减排活动，使企业减排努力提升 19.2524%，企业减排成本下降 60.6838%，企业有更多的资源用于扩大生产，产出扩张 0.1949%。同时，企业努力减排，使碳排放量下降 2.5252%，大气中的 CO_2 存量下降 2.5252%。若财政减排资金直接用于政府减排活动，其经济增长效应与碳减排效应均大打折扣。

第三，从短期看，经济的周期性波动并不会影响财政减排资金的双重红利效应，也不会影响市场减排机制的优势。短期中，经济周期性波动，CO_2 排放量和 CO_2 存量也会出现波动，从本书的生产率暂时性冲击看，三种减排机制并不会影响企业的碳排放周期波动，企业减排成本和 CO_2 存量在市场减排机制下波动较小。

第八章　货币政策冲击与碳排放动态

面对全球气候变化难题，金融界要勇敢地承担起自己的责任。在博鳌年会上大家谈得比较多的是，在未来走向碳中和的几十年内，最艰巨的任务是这一过程之中需要组织、动员大量的投资。

——周小川

实现碳达峰、碳中和，是以习近平同志为核心的党中央统筹国内国际两个大局做出的重大战略决策，是着力解决资源环境约束突出问题、实现中华民族永续发展的必然选择，是构建人类命运共同体的庄严承诺。我国已进入新发展阶段，推进"双碳"工作是破解资源环境约束突出问题、实现可持续发展的迫切需要，是顺应技术进步趋势、推动经济结构转型升级的迫切需要，是满足人民群众日益增长的优美生态环境需求、促进人与自然和谐共生的迫切需要。中共中央、国务院印发的《关于完整准确全面贯彻新发展理念做好碳达峰碳中和工作的意见》指出，有序推进绿色低碳金融产品和服务开发，设立碳减排货币政策工具。因此，央行执行的货币政策是实现"双碳"目标的重要工具之一。本章将定量探讨货币政策对企业碳减排的影响及其传导机制。

第一节　理论模型

1. 代表性家庭

经济中的家庭由无限期生存的代表性家庭组成，其效用来自消费和闲暇，且家庭会在闲暇和劳动之间进行时间分配，所以在动态随机一般均衡模型中，家庭的效用函数可以表示为消费 c_t 和劳动供给 h_t 的函数，且函数形式采用 CES 函数，即家庭的瞬时效用函数为：

$$U(c_t, h_t) = \frac{c_t^{1-\sigma}}{1-\sigma} - \kappa_h \frac{h_t^{1+\varphi}}{1+\varphi} \tag{1}$$

其中，σ 和 φ 分别表示消费和劳动供给的弹性参数。κ_h 表示劳动供给的负效用参数。家庭会在生命周期内统筹考虑跨期效用最大化的问题：

$$\max_{\{c_t, h_t\}_{t=0}^{\infty}} E_0 \sum_{t=0}^{\infty} \beta^t \left(\frac{c_t^{1-\sigma}}{1-\sigma} - \kappa_h \frac{h_t^{1+\varphi}}{1+\varphi} \right) \tag{2}$$

其中，E_0 表示家庭的期望算子，β 表示社会贴现率，上标 t 表示时期数。

假定代表性家庭还要积累资本，且资本积累方程为：

$$k_t = (1-\delta)k_{t-1} + \left[1 - \frac{\kappa_I}{2} \left(\frac{i_t}{i_{t-1}} - 1 \right)^2 \right] i_t \tag{3}$$

其中，δ 表示资本折旧率，i_t 表示投资。此外，κ_I 表示投资调整成本参数。式（3）被称为调整成本是因为调整成本的测度单位是投资品，投资调整成本并不依赖于投资相对于资本的规模，而是依赖于投资的增长率。

家庭预算约束可以表示为：

$$p_t c_t + p_t i_t + b_t = r_t^k p_t k_{t-1} + r_{t-1} b_{t-1} + p_t w_t h_t - p_t t_t + p_t \Gamma_t \tag{4}$$

其中，p_t 表示最终产品一般价格，或者消费者价格指数；b_t 表示家庭持有的债券存量；r_t 表示债券收益率，在货币经济学中，它一般被当作无风险利率；r_t^k 表示资本回报率；w_t 表示工资率税率；Γ_t 表示企业利润。从式（4）可知，家庭的收入来自资本回报、工资、债券收益、企业利润分红，家庭会将这些收入用于消费、投资和购买新的债券，以及支付一次总付税 t_t。

基于此，家庭的目标函数可以改写成式（5）：

$$\max_{\{c_t, i_t, h_t, k_t, b_t\}_{t=0}^{\infty}} E_0 \sum_{t=0}^{\infty} \beta^t \left(\frac{c_t^{1-\sigma}}{1-\sigma} - \kappa_h \frac{h_t^{1+\varphi}}{1+\varphi} \right) \tag{5}$$

家庭在预算约束和资本积累下，选择消费、投资、劳动供给、资本和债券持有量来实现式（7）的最大化。因此，可以构造一个拉格朗日算式为，

$$L = E_0 \left\{ \sum_{t=0}^{\infty} \beta^t \left\{ \left(\frac{c_t^{1-\sigma}}{1-\sigma} - \kappa_h \frac{h_t^{1+\varphi}}{1+\varphi} \right) - \lambda_t \left(c_t + i_t + \frac{b_t}{p_t} - r_t^k k_{t-1} - r_{t-1} \frac{b_{t-1}}{p_t} - w_t h_t + t_t - \Gamma_t \right) \right.\right.$$
$$\left.\left. - q_t \lambda_t \left\{ k_t - (1 - \theta_t^d \Delta) \left\{ (1-\delta) k_{t-1} + \left[1 - \frac{\kappa_I}{2} \left(\frac{i_t}{i_{t-1}} - 1 \right)^2 \right] i_t \right\} \right\} \right\} \right\} \tag{6}$$

其中，λ_t 表示拉格朗日乘数，q_t 表示资本价格。

求解拉格朗日乘数，可以得到如下一阶条件：

$$c_t^{-\sigma} = \lambda_t \tag{7}$$

$$\kappa_h h_t^{\varphi} = \lambda_t w_t \tag{8}$$

$$q_t = \beta E_t \left\{ \frac{\lambda_{t+1}}{\lambda_t} \left[r_{t+1}^k + q_{t+1} (1 - \theta_{t+1}^d \Delta)(1-\delta) \right] \right\} \tag{9}$$

$$q_t (1 - \theta_t^d \Delta) \left\{ 1 - \frac{\kappa_I}{2} \left(\frac{i_t}{i_{t-1}} - 1 \right)^2 - \kappa_I \frac{i_t}{i_{t-1}} \left(\frac{i_t}{i_{t-1}} - 1 \right) \right\}$$
$$+ \beta E_t \frac{\lambda_{t+1}}{\lambda_t} q_{t+1} \kappa_I (1 - \theta_{t+1}^d \Delta) \left(\frac{i_{t+1}}{i_t} \right)^2 \left(\frac{i_{t+1}}{i_t} - 1 \right) = 1 \tag{10}$$

$$\beta r_t^r \frac{\lambda_{t+1}}{\lambda_t} = 1 \tag{11}$$

其中，实际利率 r_t^r 可以定义为：

$$r_t^r = E_t \frac{r_t}{\pi_{t+1}} \tag{12}$$

2. 企业

企业部门由两种类型的企业构成：①代表性的最终产品企业，其利用中间产品作为投入，生产最终产品，并在完全竞争的产品市场上出售给家庭；②中间产品企业，其在要素市场上雇佣劳动、租赁资本，生产差异化的中间产品，并在垄断竞争市场上出售给最终产品企业。除了生产中间产品，企业还会排放 CO_2。

（1）最终产品企业。

最终产品企业由连续统一的完美竞争企业组成。采用 CES 技术加总中间产品，生产出最终产品 y_t：

$$y_t = \left[\int_0^1 y_t(i)^{\frac{\varepsilon-1}{\varepsilon}} di \right]^{\frac{\varepsilon}{\varepsilon-1}} \tag{13}$$

其中，$y_t(i)$ 表示中间产品企业 i 的产出，其价格为 $p_t(i)$。由此，可以得到中间产品 i 的需求函数和一般价格水平：

$$y_t(i) = \left[\frac{p_t(i)}{p_t} \right]^{-\varepsilon} y_t \tag{14}$$

$$p_t = \left[\int_0^1 p_t(i)^{1-\varepsilon} di \right]^{\frac{1}{1-\varepsilon}} \tag{15}$$

其中，ε 表示中间产品之间的替代弹性，p_t 表示最终产品的价格指数。

（2）中间产品企业。

中间产品企业也由连续统一垄断竞争企业组成的，且单个企业标记为 i，用柯布道格拉斯技术生产差异化的中间产品：

$$y_t(i) = A_t [k_{t-1}(i)]^{\alpha} [h_t(i)]^{1-\alpha} \tag{16}$$

其中，A_t 表示全要素生产率，α 表示资本-产出比率。全要素生产率是大气中 CO_2 浓度 T_{AT} 的一个递减二次函数：

$$A_t = (1 - \Omega_t) a_t \tag{17}$$

其中，Ω_t 表示 CO_2 导致的全要素生产率损失，其定义为：

$$\Omega_t = d_3 [d_0 + d_1 T_{AT,t} + d_2 (T_{AT,t})^2] \tag{18}$$

方程（18）描述了气候变化对经济造成的损害或影响。在诺德豪斯的 DICE-2016R 模型中，全球 CO_2 变化可以作为经济损失的充分统计量。该方程假设 CO_2 变化的二次型函数可以近似经济的损失。a_t 表示全要素生产的外生变动部分，其遵循下列自回归过程：

$$\log(a_t) = (1 - \rho_a) \log(\bar{a}) + \rho_a \log(a_{t-1}) + v_t^a \tag{19}$$

其中，$v_t^a \sim N(0, \sigma_a^2)$ 是外生技术冲击。

中间产品企业将 CO_2 作为一种副产品排放到大气中。且碳排放量可以建模为：

$$e_t(i) = [1 - \mu_t(i)] \gamma_1 y_t(i)^{1-\gamma_2} \tag{20}$$

其中，$\mu_t(i)$ 表示企业 i 的自主减排努力程度。γ_1 和 γ_2 分别表示不存在自主减排时，单位产出的碳排放强度和排放函数的曲率。

企业进行自主减排时需要投入一定的人力、物力，因此，企业要付出一定的减排成本，其与产出和减排努力程度有关，函数可以定义为：

$$z_t(i) = y_t(i) \theta_1 \mu_t(i)^{\theta_2} \tag{21}$$

其中，θ_1 和 θ_2 表示企业的减排成本参数。

由于中间产品企业生产差异化的产品，因此，它们具有一定的市场垄断势力，可以设定产品价格。但企业在改变其价格时需要支付一个二次型调整成本 $AC_t(i)$，且调整成本的目标为 $\bar{\pi}$：

$$AC_t(i) = \frac{\kappa_P}{2} \left[\frac{p_t(i)}{p_{t-1}(i)} - \bar{\pi} \right]^2 p_t y_t$$

其中，κ_P 表示二次型调整成本参数。

对于企业的碳排放，政府监管部门也会收取一定的费用，从而管制企业的碳排放行为。企业的碳排放边际成本由两部分组成，一是与企业自主减排有关的边际成本，二是与政府对气候变化管制有关的边际成本。

由于要素市场假设为完全竞争市场，因此，工资率 w_t 和资本租金 r_t^k 对于中间产品企业来说都是给定的，且政府征收的碳排放税费率 τ_t 也是给定的。

$mc_t(i)$ 表示中间产品企业 i 的边际成本，它可以理解成与生产额外一单位产出所需的资本和劳动投入相关的成本。下面就可以解出资本、劳动和减排努力的最优条件以及价格的运动方程为：

$$r_t^k = mc_t(i)\alpha A_t \left[k_{t-1}(i) \right]^{\alpha-1} \left[h_t(i) \right]^{1-\alpha} \tag{22}$$

$$w_t = mc_t(i)(1-\alpha)A_t \left[k_{t-1}(i) \right]^{\alpha} \left[h_t(i) \right]^{-\alpha} \tag{23}$$

$$\tau_t y_t^{-\gamma_2}\gamma_1 \left[\frac{p_t(i)}{p_t} \right]^{\gamma_2\varepsilon} = \theta_1\theta_2\mu_t(i)^{\theta_2-1} \tag{24}$$

$$
\begin{aligned}
&(1-\varepsilon)\left[\frac{p_t(i)}{p_t}\right]^{-\varepsilon}\frac{y_t}{p_t} + \varepsilon(1-\gamma_2)\tau_t\gamma_1\frac{y_t^{1-\gamma_2}}{p_t}\left[\frac{p_t(i)}{p_t}\right]^{-\varepsilon(1-\gamma_2)-1} \\
&\left[1-\mu_t(i)\right] + \varepsilon\frac{y_t}{p_t}\left[\frac{p_t(i)}{p_t}\right]^{-\varepsilon-1}\theta_1\mu_t(i)^{\theta_2} \\
&+ \varepsilon mc_t(i)\frac{y_t}{p_t}\left[\frac{p_t(i)}{p_t}\right]^{-\varepsilon-1} - \frac{\kappa_P}{p_{t-1}(i)}\left[\frac{p_t(i)}{p_{t-1}(i)} - \bar{\pi}\right]y_t \\
&+ \beta E_t\left\{\frac{\lambda_{t+1}}{\lambda_t}\kappa_P\frac{p_{t+1}(i)}{p_t^2(i)}\left[\frac{p_{t+1}(i)}{p_t(i)} - \bar{\pi}\right]y_{t+1}\right\} = 0
\end{aligned} \tag{25}
$$

在对称性均衡中，中间产品企业会选择相同的价格、要素投入和产出，因此，一阶条件可以变形为：

$$r_t^k = mc_t\alpha\frac{y_t}{k_{t-1}} \tag{26}$$

$$w_t = mc_t(1-\alpha)\frac{y_t}{h_t} \tag{27}$$

$$\mu_t = \left(\frac{\tau_t\gamma_1}{\theta_1\theta_2}y_t^{-\gamma_2}\right)^{\frac{1}{\theta_2-1}} \tag{28}$$

注意当 $\tau_t = 0$ 时，企业没有受到任何激励进行自主减排，因此，$\mu_t =$

0。因为在没有外部环境规制时，企业并不需要将碳排放引起的外部效应内部化。

与此同时，定价方程可以变成下列新凯恩斯主义菲利普斯曲线：

$$
\pi_t(\pi_t - \bar{\pi}) = \beta E_t \left[\frac{\lambda_{t+1}}{\lambda_t} \pi_{t+1}(\pi_{t+1} - \bar{\pi}) \frac{y_{t+1}}{y_t} \right]
$$
$$
+ \frac{\varepsilon}{\kappa_P} \left\{ \left[mc_t + (1 - \gamma_2)\gamma_1 \tau_t y_t^{-\gamma_2}(1 - \mu_t) + \theta_1 \mu_t^{\theta_2} \right] + \frac{1 - \varepsilon}{\varepsilon} \right\}
$$

(29)

3. 地球物理系统

根据 DICE-2016R 模型，气候变化涉及许多复杂的物理、化学过程，为了简化这些过程，本章将地球物理系统建模为碳循环系统、辐射强度方程、气候变化方程等。

（1）碳循环系统。

碳循环系统主要涉及碳在地球上的储存，主要储存在三个地方：大气中存在的碳 x_{AT}、陆地储存的碳 x_{UP}、海洋中储存的碳 x_{LO}。碳在大气、陆地以及海洋之间流动。需要注意的是，海洋和陆地中的碳混流速度非常慢，因此，长期来看，深海中储存着大量的碳汇。假设三种碳储存方式在短期内有一定的流动性，那么，可以将地球上的碳循环系统建模为：

$$
x_{AT,t} = \phi_{11} x_{AT,t-1} + \phi_{21} x_{UP,t-1} + e_t + e^{row}
$$

(30)

$$
x_{UP,t} = \phi_{12} x_{AT,t-1} + \phi_{22} x_{UP,t-1} + \phi_{32} x_{LO,t-1}
$$

(31)

$$
x_{LO,t} = \phi_{23} x_{UP,t-1} + \phi_{33} x_{LO,t-1}
$$

(32)

大气中的碳主要由过去的存量、企业排放量和世界其他地区排放的碳 e^{row} 组成。参数 ϕ_{ij} 表示三种碳储存方式之间的流动性。

（2）气候变化系统。

CO_2 是主要的温室气体，会引起气候变化。下面，来建模体现 CO_2 浓度与气候变化之间的关系。气候变化系统主要包括辐射强度方程和气温变化方程。辐射强度受到 CO_2 浓度的影响，气温变化方程则是计算全球的地表温度和海洋的平均温度。

CO$_2$浓度的上升会导致地球辐射不能快速扩散，进而会使得地表温度上升。因此，CO$_2$浓度和辐射强度之间的关系可以建模为：

$$F_t = \eta \log_2\left(\frac{x_{AT,t}}{x_{AT,1750}}\right) + F_{EX,t} \tag{33}$$

F_t表示工业革命以来的地球辐射强度，$F_{EX,t}$表示外部辐射强度，η表示辐射对CO$_2$的敏感性参数。

更高的辐射强度会使大气温度上升，然后使海洋气温也上升，并逐步使全球气候变暖。且大气温度和海洋温度之间的传递具有一定滞后性和差异性，所以气温的变化可以建模如下：

$$T_{AT,t} = T_{AT,t-1} + \xi_1\{F_t - \xi_2 T_{AT,t-1} - \xi_3[T_{AT,t-1} - T_{LO,t-1}]\} \tag{34}$$

$$T_{LO,t} = T_{LO,t-1} + \xi_4\{T_{AT,t-1} - T_{LO,t-1}\} \tag{35}$$

其中，ξ_i表示大气和海洋之间的气温传递系数，T_{AT}和T_{LO}分别表示地表及大气温度和海洋温度。

4. 货币政策

央行执行货币政策，且遵循利率型泰勒规则：

$$\frac{r_t}{r} = \left(\frac{r_{t-1}}{r}\right)^{\rho_r}\left[\left(\frac{\pi_t}{\Pi}\right)^{\phi_\pi}\left(\frac{y_t}{y}\right)^{\phi_y}\right]^{1-\rho_r}\exp(v_t^m) \tag{36}$$

其中，ρ_r表示货币政策的持续性，且在［0，1］之间。

财政部门的约束为财政支出g_t等于一次总付税t_t和企业碳排放税费$\tau_t e_t$之和：

$$g_t = t_t + \tau_t e_t \tag{37}$$

5. 气候管制政策

正如前文所述，如果没有政府气候管制政策，中间产品企业并不会将碳排放造成的负外部性内部化。因此，政府向企业征收碳排放税费$\tau_t e_t$。如果没有气候管制政策，$\tau_t = 0$；如果存在气候管制政策，$\tau_t > 0$。

6. 市场出清方程

产品市场出清意味着：

$$y_t = c_t + i_t + g_t + \frac{\kappa_P}{2} (\pi_t - \bar{\pi})^2 y_t + y_t \theta_1 \mu_t^{\theta_2} \tag{38}$$

进入市场出清意味着：

$$b_t = 0 \tag{39}$$

7. 参数校准

本章的模型参数校准主要来源于两个方面，第一，基于已有文献的研究结果；第二，基于中国经济社会的相关数据。主要的校准结果如表 8-1 所示。

表 8-1　参数校准

参数	描述	校准值
θ^d	气候灾难发生的概率	0.0033
Δ	灾难的规模	0.22
ρ^d	灾难冲击的持续性	0.90
σ^d	灾难冲击的方差	0.60
ϕ_T	灾难发生的概率与气候变化的敏感性参数	0.011
β	贴现率	0.948
σ	消费的弹性	0.735
φ	劳动供给弹性	3
δ	资本折旧率	0.05
α	资本产出份额	0.6
ε	产品替代弹性	6
K_I	资本调整成本	2.48
K_P	价格调整成本	51.9
ρ_a	技术冲击持续性参数	0.72
γ_1	单位产出碳排放	0.601
γ_2	排放函数曲率	0.1

参数	描述	校准值
τ	单位减排成本	0.02
θ_1	减排成本函数参数	0.185
θ_2	减排成本函数参数	2.8
η	辐射对 CO_2 的敏感性参数	2.9
ϕ_{11}	碳循环参数	0.912
ϕ_{21}	碳循环参数	0.0383
ϕ_{12}	碳循环参数	0.088
ϕ_{22}	碳循环参数	0.9592
ϕ_{32}	碳循环参数	3.375×10^{-4}
ϕ_{23}	碳循环参数	0.0025
ϕ_{33}	碳循环参数	0.9996625
ξ_1	气温传递参数	2.9
ξ_2	气温传递参数	0.098
ξ_3	气温传递参数	0.088
ξ_4	气温传递参数	0.025
F_{EX}	外生的辐射强度	3.8
ρ_r	货币政策持续性	0.85
$\overline{\pi}$	通胀目标	1.03
ϕ_π	货币政策对通胀的敏感性	1.5
ϕ_y	货币政策对产出的敏感性	0.5

第二节　模拟结果

1. 无气候管制的情形

基于上述校准参数，本章定量模拟货币政策冲击对经济和气候变化的影响。首先，在没有气候管制的情形下，研究一单位标准差的正向货币政策冲击的经济效应。一单位标准差的正向货币政策冲击意味着央行提高了利率水平，也就是采取紧缩性的货币政策。紧缩性的货币政策冲击对经济的影响如图 8-1 所示。从图中模拟结果可以看出，与标准的宏观经济理论预期一致，暂时性提高利率会立即使得 GDP 立即出现负增长，但随着货币政策冲击的逐渐衰减，GDP 也逐渐恢复到稳态水平，且恢复速度较快。GDP 下降是因为紧缩性的货币政策抑制了均衡中的消费、投资和劳动。利率提高，家庭意识到在金融市场上购买债券会更加有利可图，会将更多的可支配收入用于购买更多的债券，以期在未来获得更高的债券利息收入，因此，当期的消费会立即出现下降。与此同时，利率的提高也会让家庭将更多资金以债券的形式进行储蓄，因而降低了投资。那么，总需求下降引起了总供给下降，企业对要素的需求也下降。

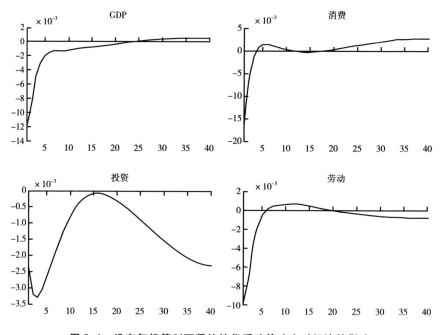

图 8-1　没有气候管制下紧缩性货币政策冲击对经济的影响

在没有碳排放管制的情形下，紧缩性的货币政策也会对气候变化产生影响。下面还是来看看一单位标准差的正向货币政策冲击对气候变化产生的影响。如图 8-2 所示，紧缩性的货币政策冲击会使得企业的 CO_2 排放立即下降，且随着货币政策冲击的衰退，企业的 CO_2 排放逐渐回到稳态水平。企业生产活动中排放的 CO_2 之所以呈现这样的路径动态，是因为在模型设置中，CO_2 排放量是企业产出和减排努力程度的函数。此处，设置了没有碳排放管制政策，所以企业也没有自主的 CO_2 减排措施。这意味着，CO_2 排放只与企业产出呈一定的比例关系，所以此时的 CO_2 排放动态与 GDP 动态路径一致。由于企业 CO_2 排放量的下降，大气 CO_2 浓度也出现下降，进而降低了地球的辐射强度，因此，地表温度出现下降。

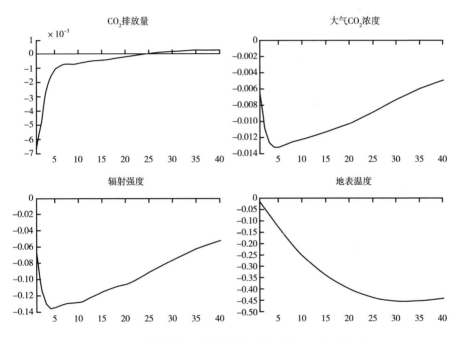

图 8-2　没有气候管制下紧缩性货币政策冲击对气候的影响

2. 有气候管制的情形

如图 8-3 所示，在有气候管制的情形下，一单位标准差的正向货币政策冲击同样会导致 GDP 的立即下降，且随着货币政策冲击的衰减，逐渐回到稳态水平。但是与没有气候管制情形相比，同等程度的紧缩性货币政策对经济抑制作用更大一些。同理可以看到，消费、投资和劳动的下降幅度也更大一些。这主要是因为在有气候管制的情况下，政府会对企业排放的 CO_2 征收税费，因此，从长期来看，企业的边际成本会上升，产出会降低；从短期来看，政府部门的财政收入增加了，压缩了企业可转移至家庭的利润，从而使得家庭的可支配收入下降，总需求下降幅度更大。

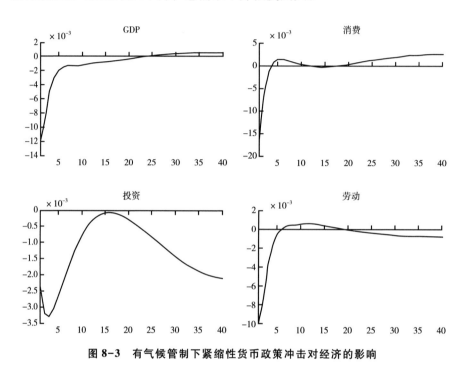

图 8-3　有气候管制下紧缩性货币政策冲击对经济的影响

注：与图 8-1 相比，货币政策冲击引起的宏观经济响应路径相似，但幅度略有差异。且相对稳态，位置也不相同。

　　有气候管制下紧缩性货币政策冲击对气候变化的影响，如图 8-4 所示。紧缩性货币政策会使得企业碳排放量立即下降，随着货币政策冲击的衰减，逐渐回到稳态水平。与无气候管制情形相比，一单位标准误差的正向货币政策冲击使得碳排放量的下降幅度较小。这主要是因为在气候管制情形下，企业受到激励将气候变化引起的外部性内部化，从而付出一定的自主减排努力。一方面，货币政策收紧后，GDP 会下降，企业生产活动的受到抑制，CO_2 排放量会有一定的下降；另一方面，为了降低成本，企业也会降低自主减排努力程度，因此，总的碳排放量下降幅度更小一些。

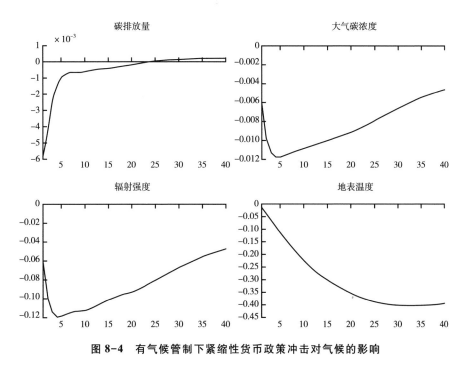

图 8-4   有气候管制下紧缩性货币政策冲击对气候的影响

注：与图 8-1 相比，货币政策冲击引起的宏观经济响应路径相似，但幅度略有差异。且相对稳态，位置也不相同。

在冲击发生的初期，随着 CO_2 排放量下降，大气 CO_2 浓度也会随之下降，但随着冲击效应的消散，CO_2 浓度又逐渐回到稳态水平。而这会直接反映在地球辐射强度上，其也呈现先降后升的"U"形动态路径。但值得注意的是，全球地表温度的响应具有非常持久的下降效应，这可能是因为气温的变化由大气、地表与深海之间的温差转变引起，所以变化过程较为缓慢，这也为减缓气候变化带来了新的治理路径和希望。

第九章 环境污染、经济增长与社会福利

——不同环境政策效应评价

> 自然界同劳动一样也是使用价值（物质财富就是由使用价值构成的）的源泉。
>
> ——马克思《哥达纲领批判》

第一节 引言

国家治理的范围包括政治、经济、文化、社会以及生态文明等各个领域。一方面，由环境风险引起的各种经济风险和社会风险迅速积聚；另一方面，由于公共治理绩效不彰、治理能力远远赶不上破坏速度，生态环境赤字依然呈现不断扩大趋势。

中国经济总量已跃升至世界第二位，中国经济进入"新常态"，经济结构调整，已进入新一轮经济周期，中国生态环境质量有待改善。

中国经济增长与环境质量下降的不协调趋势较严重，因此，政府需要采取环境政策来协调环境质量、经济增长与居民福利之间的关系。2009 年，中国政府宣布到 2020 年单位国内生产总值温室气体排放量比 2005 年下降 40%~45%；2014 年《中美气候变化联合声明》中提出中国将在 2030 年前后碳排放达到峰值；自 2013 年开始，全国 7 个省市陆续试点碳排放权交易

市场；2018 年修正《中华人民共和国环境保护税法》。至此，环境税、排放权交易和数量规制等环境政策措施在中国试点或全面实施。那么，这些环境政策对中国环境质量、经济增长以及居民福利会产生什么影响？其影响效应多大？不同环境政策效果如何？这些都是本章深入分析的问题。

空气污染和相应的市场失灵是微观经济学理论的一部分，经济学家认为空气污染是稀缺性环境资源缺乏价格机制导致的。因此，经济学家建议确定产权，引入以单位税或排污费为替代的价格信号来更加经济地使用这种资源。一旦价格机制有效发挥作用，污染者面临价格等于边际排污成本的约束，该约束促使污染者将边际社会成本内部化。国内外学者主要关注单一环境政策的环境与经济效应，要么是排污许可证对环境和经济的影响（涂正革和谌仁俊，2015），要么是环境税对环境和经济的影响（刘凤良和吕志华，2009；姚昕和刘希颖，2010；Heutel，2012）。

自 Weitzman（1974）从理论上探讨了环境价格型政策和环境数量型政策的优劣之后，环境政策越来越受到经济学界关注。Weitzman 的研究表明，当边际收益函数的斜率比边际成本函数的斜率大时，数量型政策比价格型政策更有效，而 Goulder 和 Schein（2013）将 Weizman 的研究结论扩展到环境交易工具与环境税的比较优势研究中，当边际环境损失函数比边际减排成本函数斜率大时，数量规制型方法更优越，反之亦然。一些研究表明，边际减排成本函数比边际环境损失函数斜率大，例如，Pizer（2001）认为碳税是一个更好的碳减排政策。但吴力波等（2014）的模拟结果表明数量规制型方法——排放权交易制度——更为有效，他们认为在中国目前的阶段选择排放权交易工具来实现碳减排目标更合适。

然而，Heutel 和 Kelly（2016）认为环境政策主要是根据环境外部性理论来制定的，因此，大量文献从微观经济角度比较不同环境政策的效应，进而比较环境政策的优劣。忽略环境政策与宏观经济之间的相互影响会遗漏重要的经济反馈效应。因此，从 Nordhaus 将气候变化引入 Ramsey 模型开始，越来越多的学者开始关注环境与宏观经济的动态效应。且近几年已有学者利用新古典增长理论与方法来研究环境政策，例如，Fischer 和 Springborn

（2011）在单一生产部门框架下探讨了环境政策的经济增长效应。Dissou 和 Karnizova（2016）构建了一个多生产部门的 DSGE 模型，用于解释生产部门差异对环境政策的不同响应。Heutel（2012）在新古典增长框架下分析了环境税的经济增长效应，同时也分析了环境税的福利效应。

从方法论角度来看，微观角度的环境经济政策文献主要利用 CGE 模型模拟不同环境政策的边际成本和边际收益，进而比较不同环境政策的效率情况，例如，Pizer（2001）、吴力波等（2014）等。而环境政策的宏观经济效应研究则主要采用新古典增长模型，除上述文献外，其他的一些环境政策的新古典增长模型则主要集中在能源政策领域（Kim 和 Loungani，1992；Davis 和 Haltiwanger，2001）。另外，Annicchiarico 和 Di Dio（2015）采用新凯恩斯模型来探讨环境政策与宏观经济动态。

与现有文献相比，本章在以下几个方面有所推进：①从宏观经济视角，构建了一个简单的包含环境部门的新古典增长模型，从理论上分析环境政策与环境质量、经济增长、社会福利之间的关系；②将污染数量管制、排放许可证和环境税纳入统一框架下，进行比较分析；③在理论模型的基础上，利用中国的相关数据校准模型参数，模拟不同环境政策下的中国 CO_2 排放量、经济与社会福利。

第二节 理论模型

本章构建一个分散经济中的环境 RBC 模型（也称 ERBC 模型），在后面的部分将简要讨论一个集中经济的 ERBC 模型。本章的 ERBC 模型刻画一个无限期的、离散时间的封闭经济，在该经济中有大量无限期生存的、同质的家庭，且家庭拥有企业，只生产一种最终产品。下面分别构建基准模型、环境税下的 ERBC 模型（ERBC-T）、排放许可证下的 ERBC 模型（ERBC-P）。

1. 基准模型

基准模型中不存在任何的环境政策，因此，其经济环境如下。

（1）家庭行为。

由于家庭的同质性，为简化起见，将家庭数量标准化为 1，且典型家庭的期望效用与其消费和环境质量有关：

$$E_t \sum \beta^t u(c_t, Q_t) \tag{1}$$

其中，c_t 为第 t 期的家庭消费，Q_t 为第 t 期的环境质量，$u(\cdot)$ 为家庭的瞬时效用函数，$\beta^t \in (0, 1)$ 是家庭效用贴现率（也有学者称其时间偏好率），E_t 是基于现有可用信息的期望算子。

假设家庭瞬时效用函数形式为：

$$u(c_t, Q_t) = \frac{(c_t^\sigma Q_t^{\sigma-1})^{1-\rho}}{1-\rho} \tag{2}$$

其中，σ（$0<\sigma<1$）表示家庭的偏好系数，ρ（$\rho \geq 1$）是家庭相对风险厌恶系数。

家庭所面临的预算约束为：

$$c_t + i_t \leq r_t k_t + \Pi_t \tag{3}$$

由于家庭拥有资本，并将资本供给企业进行生产，同时家庭也拥有企业，因此，家庭收入来自两个方面：一是资本利息收入 $r_t k_t$，二是企业利润分红 Π_t。家庭将获得的收入用来消费（c_t）和储蓄（i_t）。资本积累方程为：

$$k_{t+1} = i_t + (1-\delta) k_t \tag{4}$$

代表性家庭所面对的决策问题的一阶条件为：

$$\frac{\partial u_t}{\partial c_t} = \beta E_t \left\{ \frac{\partial u_{t+1}}{\partial c_{t+1}} [r_{t+1} + (1-\delta)] \right\} \tag{5}$$

式（5）是选择资本 k_t 所得到的欧拉方程，它与第 t 期选择投资 i_t 是等价的。左边的式子，$\frac{\partial u_t}{\partial c_t}$ 是第 t 期消费的边际效用，即额外增加一单位消费给家庭带来的效用；右边的式子是第 $t+1$ 期消费的期望边际效用的现值，即第

t 期额外增加一单位储蓄，会使得下一期消费增加 $[r_{t+1}+(1-\delta)]$ 单位，从而使得消费者效用增加 $\dfrac{\partial u_{t+1}}{\partial c_{t+1}}[r_{t+1}+(1-\delta)]$。因此，家庭所面对的决策问题的一阶条件是一单位产量无论是用于现在消费还是储蓄，现在消费的边际效用与未来消费的边际效用现值相等。

（2）企业行为。

经济中存在一个典型生产厂商，生产一种最终产品 y_t。其生产函数为 $y_t = A_t f(k_t)$，k_t 为厂商在第 t 期的资本存量，A_t 表示全要素生产率。假设代表性厂商的生产函数是 C-D 形式，即厂商的生产函数为：

$$y_t = A_t k_t^{\alpha} \tag{6}$$

其中，α（$0<\alpha<1$）是产量中的资本份额。代表性厂商所面对的利润最大化问题为：

$$\max_{k_t} \Pi_t = A_t k_t^{\alpha} - r_t k_t \tag{7}$$

代表性厂商的一阶条件是资本的价格等于资本的边际产量，其数学表达式为：

$$r_t = \alpha A_t k_t^{\alpha-1} \tag{9}$$

（3）环境演变。

自然环境具有一定的净化修复能力，假设自然环境的净化修复率为 $1-\omega$，则环境污染存量的积累方程为：

$$Q_{t+1} = \omega(Q_t - EQ_t) \tag{10}$$

其中，Q_t 为本期的环境质量，EQ_t 则为本期的污染流量，ωEQ_t 为由于降解之后留存到下一期的污染存量。

本期的污染流量 EQ_t 随着厂商的生产过程作为副产品出现在模型中，即：

$$EQ_t = \mu y_t = \mu A_t k_t^{\alpha} \tag{11}$$

其中，μ $[\mu \in (0, 1)]$ 为生产排污率，可以理解成污染技术指标或者单位产出排污量。

一个竞争性均衡结果就是资本价格和一系列资源配置使得（1）家庭和厂商最优化条件成立；（2）厂商向家庭借入资本；（3）家庭和企业约束等式成立；（4）政府预算约束等式成立。

因此，从上述基准模型的设定可以得出经济稳态，将稳态生产率标准化为1，即 $A^* = 1$，且稳态中 $c_{t+1} = c_t = c^*$，$k_{t+1} = k_t = k^*$。假设上述稳态值已知，那么根据消费欧拉方程，可以得到：

$$r^* = \frac{1}{\beta} - (1 - \delta)$$

$$k^* = \left[\frac{\alpha}{\dfrac{1}{\beta} - (1 - \delta)} \right]^{\frac{1}{1-\alpha}}$$

$$y^* = k^{*\alpha}$$

$$c^* = k^{*\alpha} - \delta k^*$$

$$EQ^* = \mu k^{*\alpha}$$

$$Q^* = \frac{\mu k^{*\alpha}}{1 - \omega} \omega$$

2. 环境税下的环境 RBC 模型（ERBC-T）

政府征收环境税，因此，基准模型中的式（7）变成：

$$\max_{k_t} \Pi_t = A_t k_t^\alpha - r_t k_t - T_t \tag{12}$$

其中，T_t 为政府从厂商获得的排污收入，τ 为排污费率，μ 为厂商的排污系数。

代表性厂商的一阶条件是资本的价格等于资本的边际产量，其数学表达式为：

$$r_t = (1 - \tau\mu)\alpha A_t k_t^{\alpha-1} \tag{13}$$

在政府部门的减排措施下，环境演变方程变为：

$$Q_{t+1} = \omega(Q_t - EQ_t) + \gamma g_t \tag{14}$$

其中，Q_t 为本期的环境质量；EQ_t 则为本期的污染流量，由于降解之后留存到下一期的污染存量为 ωEQ_t；g_t 为政府为改善环境质量安排的环保支出，γ 为政府环保支出的环境质量改善系数。

政府安排的环保支出 g_t 由厂商缴纳的排污费 T_t 来提供，则政府的预算约束为：

$$g_t \leqslant T_t \tag{15}$$

将稳态生产率标准化为 1，即 $A^* = 1$，且稳态中 $c_{t+1} = c_t = c^*$，$k_{t+1} = k_t = k^*$。假设上述稳态值已知，那么根据消费欧拉方程，可以得到：

$$r^* = \frac{1}{\beta} - (1 - \delta)$$

$$k^* = \left[\frac{(1 - \tau\mu)\alpha}{\frac{1}{\beta} - (1 - \delta)} \right]^{\frac{1}{1-\alpha}}$$

$$y^* = k^{*\alpha}$$

$$c^* = (1 - \tau\mu) k^{*\alpha} - \delta k^*$$

$$g^* = \tau\mu k^{*\alpha}$$

$$EQ^* = \mu k^{*\alpha}$$

$$Q^* = \frac{\mu k^{*\alpha}}{1 - \omega}(\omega - \gamma\tau)$$

3. 排放许可证下的环境 RBC 模型（ERBC-P）

在排放许可证制度下，政府会在第 t 期规定一个确定的排放额 $\overline{EQ}_t$，且 $\overline{EQ}_t = E_t EQ_{t+1}$，即政府本期发行的排放配额是根据下一期厂商的排放量预期得到。政府通过拍卖的方式在排放交易市场上向生产厂商出售排放许可证，拍卖的排放许可证价格为 p_t，厂商在第 $t+1$ 期使用购买的排放许可证。那么，代表性厂商所面对的利润最大化问题就变为：

$$\max_{k_t} \Pi_t = A_t k_t^\alpha - r_t k_t - p_t EQ_{t+1} \tag{16}$$

其中，$EQ_{t+1} = \mu_{t+1} A_{t+1} k_{t+1}^\alpha$，因此，虽然厂商将环境质量 Q_t 当作外生变量，但它还是会按照 $EQ_t = \mu_t A_t k_t^\alpha$ 来进行生产决策。

那么，家庭所面临的预算约束变为：

$$c_t + k_{t+1} - (1 - \delta) \, k_t \leq A_t \, k_t^\alpha - p_t \, E_t \, \mu_{t+1} \, A_{t+1} \, k_{t+1}^\alpha \tag{17}$$

从而，可以推导出家庭决策的欧拉方程：

$$\frac{\partial u_t}{\partial c_t} (1 + \alpha \, p_t \, E_t \, \mu_{t+1} \, A_{t+1} \, k_{t+1}^{\alpha-1}) = \beta \, E_t \left\{ \frac{\partial u_{t+1}}{\partial c_{t+1}} \left[\alpha A_t \, k_t^{\alpha-1} + (1 - \delta) \right] \right\} \tag{18}$$

此时，环境质量的演化方程为：

$$Q_{t+1} = \omega (Q_t - \overline{EQ_t}) + \gamma \, g_t \tag{19}$$

而政府的用于减排支出的排放许可证收入为：

$$g_t = p_t \, \overline{EQ_t} \tag{20}$$

将稳态生产率标准化为 1，即 $A^* = 1$，且稳态中 $c_{t+1} = c_t = c^*$，$k_{t+1} = k_t = k^*$。假设上述稳态值已知，那么根据消费欧拉方程，可以得到，

$$k^* = \left[\frac{\alpha(\beta - p_t \mu_t)}{1 - \beta(1 - \delta)} \right]^{\frac{1}{1-\alpha}}$$

$$y^* = k^{*\alpha}$$

$$c^* = (1 - p_t \mu) \, k^{*\alpha} - \delta k^*$$

$$g^* = p_t \mu \, k^{*\alpha}$$

$$EQ^* = \mu \, k^{*\alpha}$$

$$Q^* = \frac{\mu \, k^{*\alpha}}{1 - \omega} (\omega - \gamma \, p_t)$$

政府部门采用"命令-控制"型政策，确定长期减排目标 EQ^*，与排放许可证制度不同，下期排放量是上期排放量的一定比例，从而最终收敛到长期减排目标 EQ。那么，

$$EQ_{t+1} = (1 - \pi_t) \, EQ^* + \pi_t \, EQ_t \tag{21}$$

π_t 为收敛速度。在所有时期，$EQ_t = \mu_t A_t k_t^\alpha$，那么在长期中，$EQ^* = \mu_t A_t k^{*\alpha}$，即资本演化路径由排放量演化路径决定。在没有环境税与排放许可证的情况下，稳态为：

$$EQ^* = \mu^* A^* k^{*\alpha}$$
$$c^* = y^* - \delta k^*$$
$$Q^* = \frac{\mu k^{*\alpha}}{1-\omega}\omega$$

第三节 参数校准

1. 参数校准

接下来，对模型参数进行校准。本章的 ERBC 模型中的参数值主要来自已有相关研究成果，部分参数为本书估计值，见表 9-2。对于主观贴现率，国内外大部分文献取值在 0.92 左右，因此，本书的主观贴现率取值为 0.92。对于中国的资本份额及资本折旧率，我国学者估算的中国资本份额为 46.3% ~ 69.2%，估算的资本折旧率为 0.04 ~ 0.1。我们利用 1953 ~ 2013 年的相关数据，使用校准实验得到的中国资本份额为 0.7，结果与郭庆旺和贾俊雪 (2005) 估算结果相似；资本折旧率为 0.09，与黄赜琳和朱保华 (2015) 选取的资本折旧率相似。服从 Markov 过程的技术冲击系数和随机扰动项方差均来自黄赜琳和朱保华 (2015) 的研究，即 $\rho = 0.72$，$\sigma_{\varepsilon_t} = 2.46\%$。

我们根据已有的化学与经济学相关研究来校准 CO_2 存量积累方程的相关参数。根据本书的 CO_2 积累方程 $EQ_{t+1} = \omega EQ_t + \omega EQL_t + \gamma g_t$，$\omega$ 和 γ 为需要校准的参数，分别表示 CO_2 半衰期系数和政府治理效果。

对于环境税政策，由于中国还未开征碳税或环境税，《中华人民共和国环境保护税法》也并未规定碳税税率，因此，本章的碳税税率根据前人研究成果来确定。中国已有的研究结果显示，中国最优碳税为 18 ~ 200 元/吨碳，而刘凤良和吕志华 (2009) 的研究结果则显示中国最优碳税税率在 0.381% ~ 0.514%，但是陈诗一 (2011) 指出，前人研究结果都高估了中国碳税税率，过于追求环境质量的改善，而对中国经济的损害过大，鉴于此，本章采用陈诗一 (2011)、姚昕和刘希颖 (2010) 的相近研究结果，将中国未来的碳税税率规定在 0.18%，即 $\tau = 0.18\%$。

对于碳排放权交易政策，截至 2021 年底，中国有 7 个省市进行碳排放权交易试点。深圳碳排放权交易所（CEEX）2011 年筹备申报，2013 年正式运营，是中国最早运营碳排放权交易所，相关交易制度较为完善，且交易数据跨度较长，对中国碳排放权交易具有风向标的作用。因此，本书采用深圳碳排放权交易所 2013 年 6 月 18 日至 2015 年 6 月 15 日挂牌交易的碳排放许可证产品的交易价格作为本书碳排放权交易价格参数。研究结果显示，研究期内，碳排放权交易均衡价格在 54 元/吨碳左右，因此，本书选取的碳排放交易价格 $p = 54$ 元/吨碳。

对于排污数量规制政策，2009 年中国政府承诺在 2020 年单位 GDP 碳排放量比 2005 年下降 40%~45%，据此本书采用 1953~2013 年中国 CO_2 排放量对数的平均值作为长期减排目标，即中国长期减排目标为 $EQ^* = 12.00$。

其他相关参数，还包括政府支出的减排系数 $\gamma = 0.335$，代表性家庭在消费和污染之间的相对偏好系数 $\sigma = 0.6$，以及家庭的相对风险厌恶系数 $\rho = 2$。而中国目前的生产排污系数 $\mu = 0.601$，则是利用中国碳排放数据和经济数据拟合得出，见表 9-1。

表 9-1 前人研究中相关参数值

参数	含义	参考值	参考文献	本书值
β	主观贴现率	0.92		0.92
α	资本份额	0.59~0.63	陈昌兵（2014）	0.7
		0.50	黄赜琳（2005）	
		0.69	郭庆旺和贾俊雪（2005）	
		0.46~0.50	张军（2002）	
		0.50~0.61	张帆	
δ	资本折旧率	0.10	黄赜琳和朱保华（2015）	0.09
		0.06	陈昌兵（2014）	
		0.04~0.06	张健华和王鹏（2012）	
		0.04~0.05	张军和章元（2003）	
γ	财政减排效果系数	0.50	Angelopoulos et al.（2010）	0.34
		0.23~0.44	胡宗义、朱丽等	

续表

参数	含义	参考值	参考文献	本书值
τ	碳税税率	0.38% ~ 0.51%	刘凤良和吕志华（2009）	18.28 元/tC
		18.28 元/tC	姚昕和刘希颖（2010）	
		50 ~ 200 元/tC	曹静	
		19 ~ 46 元/tC	陈诗一（2011）	
μ_t	排污系数	0.60		0.601
ω	CO_2 半衰期系数	1.00	Nordhaus（1991）	0.992
		0.99	Reily	
		1.00	Falk 和 Mendelsohn（1993）	
		0.96 ~ 1.00	Moore 和 Braswell（1994）	
		0.87 ~ 1.00	IPCC（2001）	
		0.99	Heutel（2012）	
ρ	相对风险厌恶系数	2.00		2
σ	家庭偏好系数	0.60		0.6

第四节　数值模拟结果

　　将前文中的各参数值代入第二节的稳态结果，即可模拟中国碳排放量、经济增长、消费以及社会福利在稳态下的数值，并进行比较分析，三种不同环境政策下的稳态结果如表 9-2 所示。

表 9-2　不同环境政策下的各变量稳态值（ $\gamma = 0.335$ ）

变量	y^*	c^*	g^*	EQ^*	Q^*	u^*
基准情形	24.75	15.94	—	14.87	1844	-48.06
环境税	24.69	15.88	0.27	14.84	1839	-48.11
碳排放许可证	24.54	15.76	0.08	14.75	1826	-48.20
规定长期均衡减排目标	19.97	13.49	—	12.00	1488	-48.76

　　注：（1） y^* ：产出， c^* ：消费， g^* ：政府减排支出，EQ^* ： CO_2 排放量，Q^* ：环境质量，u^* ：社会福利；（2）效用函数利用多变量二阶 Taylor 展开近似；（3）效用为序数效用，因此效用函数可为负值。

在环境税政策下，政府对生产厂商征收排污费，并用征收的环境税收入作为环境公共支出的资金用于环境减排活动。表9-2的第3行呈现了中国碳排放许可证政策对产量、消费、政府减排支出、碳排放量、碳存量以及社会福利稳态值的影响。政府规定下一期的碳排放总量，并分配碳排放配额，政府利用拍卖碳排放配额所得到的资金支持政府减排措施。最后一行呈现了在中国规定长期均衡减排目标下，产量、消费、社会福利的稳态情况。

从表9-2可以看出，环境税和碳排放许可证制度对经济社会的影响是等价的（略微的差异可能是数值计算的误差所致）。在长期中，有相似经济稳态值和社会福利稳态值。而规定长期均衡减排目标对产量、消费的影响与其他环境政策呈现显著的差异，社会福利稳态值稍有下降。市场型环境政策下的稳态产出量均值为24.62，而减排目标管制下的稳态产出量为19.97，市场型环境政策下的稳态产出量超出行政命令型政策下稳态产出量23.46%。因此，从经济增长的角度来看，环境税和碳排放许可证机制比数量管制型政策更优。

从社会福利角度看，环境税与碳排放许可证效果相同，污染排放的数量管制政策是否优于环境税和碳排放许可证政策取决于家庭消费偏好程度，如图9-1所示。然而，一般来讲，社会福利比较依赖福利函数形式，即依赖福利函数的参数值。在本书的社会福利比较静态分析中，从长期来看，环境税和碳排放许可证对中国家庭福利的影响相同，两条曲线几乎重合。而中国数量管制政策明显优于环境税和排污权交易，这也可能是因为家庭对消费的偏好系数（$\sigma < 0.6$）相对较低。从图9-1可以看出，当家庭对消费的偏好系数 $\sigma < 0.6$ 时，数量管制政策相比于环境税和排放许可证对家庭的福利提升更大。这也意味着，当家庭更加偏好环境质量时，虽然数量管制政策使得家庭收入减少、家庭消费水平降低，进而使得家庭从消费中获得的效用减少，但是家庭由于环境治理的改善而获得的效用增加弥补了由于家庭消费下降而损失的效用，从而使得家庭的总效用上升，因此，数量管制政策就优于环境税和排污权交易。

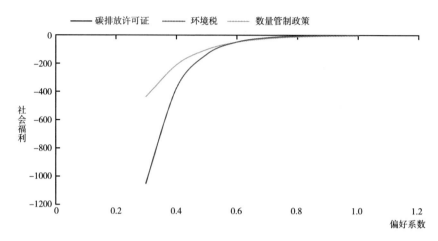

图 9-1　不同环境政策下家庭偏好系数对社会福利的影响

随着家庭对消费偏好上升，数量管制政策的优势也将逐渐下降，当家庭对消费的偏好系数 $\sigma \geqslant 0.6$ 时，政府采取数量管制政策给家庭由消费下降造成的福利损失，超过由环境质量改善所带来的福利增加，因此，排污数量管制政策劣于环境税和碳排放许可证政策。

政府减排支出的减排效果系数也会影响家庭福利，从而影响不同环境政策效应的比较。从表 9-1 可知，中国财政减排效果系数为 0.23～0.44，而国外由于减排技术先进，这一效果系数可达到 0.5，因此，接下来本书模拟了财政减排效果系数 0.2～0.5 区间内，中国环境经济社会的不同稳态水平。由于篇幅限制，表 9-3 仅呈现了 $\gamma = 0.2$、$\gamma = 0.5$ 两种方案下的稳态水平。从理论上来讲，在家庭偏好系数一定的条件下，政府减排支出效果越大，即 γ 越大，由环境税收入和碳排放交易收入支持的公共减排支出给家庭带来的效用就越大，那么，环境税和碳排放交易政策对家庭消费的扭曲效应就较小，提高政府减排支出就能提高社会福利。但从表 9-3 中可知，政府减排支出效果参数对环境政策的效应几乎无影响，这可能是由于政府减排支出规模较小。从模拟的结果可以看出，环境税所支持的政府减排支出为 0.03，仅占稳态产出水平的 0.12%；而碳排放许可证收入所支持的政府减排支出为 0.08，占稳态产出水平的比例也仅为 0.33%。

表 9-3　不同的财政减排效果下各宏观经济和碳排放变量稳态值

变量	y^*	c^*	g^*	EQ^*	Q^*	u^*
财政减排效果系数 γ = 0.2						
环境税	24.69	15.88	0.027	14.84	1839	−48.11
碳排放许可证	24.54	15.76	0.08	14.75	1826	−48.21
规定长期均衡减排目标	19.97	13.49	—	12.00	1488	−48.76
财政减排效果系数 γ = 0.5						
环境税	24.69	15.88	0.027	14.84	1838	−48.10
碳排放许可证	24.54	15.76	0.08	14.75	1824	−48.18
规定长期均衡减排目标	19.97	13.49	—	12.00	1488	−48.76

注：（1）y^*：产出，c^*：消费，g^*：政府减排支出，EQ^*：CO_2 排放量，Q^*：环境质量，u^*：社会福利；（2）效用函数利用多变量二阶 Taylor 展开近似；（3）效用为序数效用，因此效用函数可为负值。

在平衡预算制度下，政府减排支出规模受到政府收入的约束，因此，政府减排支出不足主要是由于政府确定的碳排放价格较低。上述模拟结果表明，中国环境税和碳排放许可证对环境、经济和福利的效应相同，那么，下面以环境税率变化为例，来说明政府确定的碳排放价格对环境、经济与福利的影响。表 9-4 呈现了不同环境税率下各宏观经济和碳排放变量的稳态值。从表 9-4 可以看出，随着环境税率的提高，环境质量越来越好，产出下降，社会福利也逐渐降低。环境税率的提高使得产出下降，同时可用于减排的政府支出增长，那么，通过产出下降和政府减排支出增长两条途径使环境质量得以改善，但是环境质量改善的福利增加并没有抵消因消费下降而造成的福利损失，因此，社会福利最终还是随着环境税率的提高而下降。

表 9-4　不同环境税率下各宏观经济和碳排放变量的稳态值（$\gamma = 0.335$）

变量	y^*	c^*	g^*	EQ^*	Q^*	u^*
基准情形	24.75	15.94	—	14.87	1844	-48.06
碳税 $\tau = 1\%$	24.40	15.62	0.15	14.67	1812	-48.31
碳税 $\tau = 5\%$	23.05	14.40	0.69	13.85	1689	-49.31
碳税 $\tau = 10\%$	21.42	12.96	1.29	12.87	1542	-50.65

注：（1）y^*：产出，c^*：消费，g^*：政府减排支出，EQ^*：CO_2 排放量，Q^*：环境质量，u^*：社会福利；（2）效用函数利用多变量二阶 Taylor 展开近似；（3）效用为序数效用，因此效用函数可为负值。

图 9-2 呈现了不同环境税率下家庭消费偏好系数对社会福利的影响。可以看出，随着家庭对消费的偏好越来越强（$\sigma \geqslant 0.5$），环境税率的提高反而会降低福利水平。反之，当家庭消费偏好系数 $\sigma < 0.5$ 时，随着家庭对环境偏好的增强，高环境税率能给家庭带来更高的福利效应。

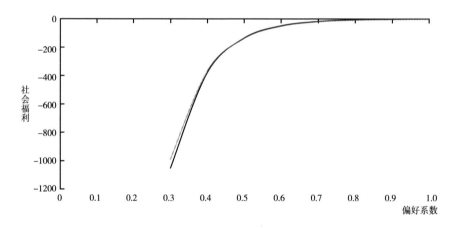

图 9-2　不同环境政策下家庭消费偏好系数对社会福利的影响

第五节　结论及政策含义

本章构建了一个简单的包含环境部门的新古典增长模型，并将环境税、碳排放许可证以及数量管制政策纳入其中，从理论上探讨三种环境政策的环境质量、经济增长与社会福利效应。本书关注环境质量、经济增长和社会福利长期均衡稳态，利用中国的 CO_2 排放量、实际 GDP、资本折旧率、资本份额以及环境相关的政府收支等数据，数值模拟 CO_2 排放量、产出量和社会福利水平，并对三种环境政策的效应进行比较静态分析。通过本章的分析，得到如下结论。

第一，中国环境税与碳排放权交易的环境质量、经济增长和社会福利效应相同，即中国环境税和碳排放交易两种政策等价。无论中国采取环境税还是碳排放权交易，其所产生的排污量稳态、经济稳态与社会福利稳态相同。

第二，从环境效应来看，数量管制政策优于环境税和碳排放许可证政策。

第三，从产出效应来看，在中国实施以环境税和碳排放交易为主的市场型环境政策要严格优于以排放量管制为主的行政命令型环境政策。与市场型环境政策相比，中国采取数量管制型政策，会使产出和消费水平显著下降。

第四，从福利效应来看，市场型环境政策与行政命令型环境政策的优劣取决于家庭对消费和环境的偏好程度。当家庭更加偏好于消费时（$\sigma \geq 0.6$），市场型环境政策优于行政命令型环境政策，但是政府不宜确定较高的排放价格，因为市场型环境政策能给家庭带来更高的福利水平，且福利水平随着排放价格的下降而提高；当家庭更加偏好环境时（$\sigma < 0.6$），行政命令型环境政策更好。

就目前中国的环境与经济社会发展状况，环境政策取向应逐渐转向以市场型环境政策工具为主。

从上述分析来看，本章的三种环境政策在稳态下的经济社会福利效果似乎并不完全相同，这一结论似乎与 Weitzman（1974）的研究结果不一致。然而，需要注意的是，本章的环境税和碳排放许可证的政策效果相同，主要的差异出现在数量管制政策方面。这主要是由于数量管制政策与其他两种政策相比，并不产生政府收入，因此，在数量管制政策下，政府并没有额外的环境收入支持公共减排措施。因此，政府的公共减排措施也构成了环境政策的重要部分。不产生环境收入的环境政策相对于产生环境收入的环境税和碳排放许可证政策，没有支持公共减排措施的能力，因此，具有一种相对劣势。尽管大部分的研究把关注点集中在政府环境收入的经济周期效应方面（Bovenberg 和 Goulder，2001），但是政府的公共减排支出仍然起着十分关键的作用。

附　录

附录一　库恩-塔克定理

首先，我们给出一个简化的约束最优化问题。

x 是选择变量；F 是目标函数，连续可微；$c \geq G(x)$ 是约束条件，G 也是连续可微的函数。那么，约束最优化问题为：

$$\max_x F(x) \, s.t. \, c \geq G(x)$$

上述问题很简单，因为它是静态无随机元素，同时也只有一个选择变量一个约束。后面会将其一般化。

从初级部分学到高级部分，我们遇到最优化问题，第一个想到的就是拉格朗日乘数。其数学基础就是拉格朗日定理，或者是库恩-塔克定理。

从我们熟悉的拉格朗日算式开始：

$$L(x,\lambda) = F(x) + \lambda[c - G(x)]$$

库恩-塔克定理　假设 x^* 使得 $F(x)$ 在 $c \geq G(x)$ 的约束下最大化，F、G 都是连续可微的，假设：

$$G'(x^*) \neq 0$$

那么，存在一个 λ^* 使得 x^* 和 λ^* 满足下列条件：

$$L_1(x^*, \lambda^*) = F'(x^*) - \lambda^* G'(x^*) \tag{1}$$

$$L_2(x^*, \lambda^*) = c - G(x^*) \tag{2}$$

$$\lambda^* \geqslant 0 \tag{3}$$

$$\lambda^*[c - G(x^*)] = 0 \tag{4}$$

证明：考虑两种情形，一种是在 x^* 处约束为等式，另一种是在 x^* 处约束为不等式。

情形一，约束为不等式。如果 $c > G(x)$，然后让 $\lambda^* = 0$。那么，上述式（2）至式（4）均成立。那么，此时就是要证明式（1）成立。因为 $\lambda^* = 0$，式（1）成立，当且仅当

$$F'(x^*) = 0 \tag{5}$$

下面我们用反证法，来证明式（5）成立。假设 $F'(x^*) < 0$。

那么，根据 F、G 连续可微，一定存在一个 $\varepsilon > 0$，使得：

$$F'(x^* - \varepsilon) > F'(x^*),\text{且}\ c > G(x^* - \varepsilon)$$

这与定理中的条件，x^* 使得 F 在约束下最大相矛盾。同理可证，当式（5）$F'(x^*) > 0$ 时也与此条件矛盾，因此，式（5）成立。

情形二，约束为等式。如果 $c = G(x)$，然后让 $\lambda^* = F'(x^*)/G'(x^*)$。那么，式（1）、式（2）、式（4）成立，现在要证明式（3）成立。由于 $\lambda^* = F'(x^*)/G'(x^*)$，那么，也就是 $F'(x^*)/G'(x^*) \geqslant 0$。

同理，利用反证法，可以证明式（6）成立。库恩-塔克定理得到证明。

注释：（1）上述定理能扩展至多选择变量、多约束问题的应用。

（2）条件式（1）至式（4）是必要条件：如果 x^* 是最优化问题的解，那么存在一个 λ^* 使得条件式（1）至式（4）成立。但是式（1）至式（4）并不是充分条件：如果 x^* 和 λ^* 使得式（1）至式（4）成立，但 x^* 不一定就是最优化问题的解。

为了说明上述注释（2），我们看个简单例子：

$$\max_{x} e^x - \frac{2}{1 + x^2} s.t. 1 \geqslant x$$

构造拉格朗日算式：

$$L(x, \lambda) = e^x - \frac{2}{1 + x^2} + \lambda(1 - x)$$

那么，库恩-塔克条件为：

$$L_1(x^*, \lambda^*) = e^{x^*} - \frac{4x^*}{[1 + x^{*2}]^2} - \lambda^* = 0$$
$$L_2(x^*, \lambda^*) = 1 - x^* \geqslant 0$$
$$\lambda^* \geqslant 0$$
$$\lambda^*(1 - x^*) = 0$$

当 $x^* = 1$，$\lambda^* = e+1$ 时，上述条件成立，因此，它们是上述最大化问题的解。当 $x^* = -0.2205$，$\lambda^* = 0$ 也使得上述条件满足，但它们是最小化问题的解。

$$\min_{x} e^x - \frac{2}{1 + x^2} s.t. 1 \geqslant x$$

以下说明两个术语。

（1）约束规格（Constrain Qualification）：$G'(x^*) \neq 0$ 这个假设被称为约束规格条件，在实际中通常是成立的。它是为了保证满足式（1）至式（4）的 λ^* 存在。

（2）鞍点（Saddle-Point）：式（1）是 x 的一阶条件（FOC），式（2）可以看作 λ 的一阶条件。在许多经济问题中，F 是凹的，G 是凸的，x^* 最大化 $L(x, \lambda)$，λ^* 最小化 $L(x, \lambda)$。因此，(x^*, λ^*) 就是 $L(x, \lambda)$ 的一个鞍点。

下面，我们来看看鞍点的性质。

$$\max_{x} F(x) s.t. c \geqslant G(x)$$

函数 $F(\cdot)$ 是凹函数，函数 $G(\cdot)$ 是凸函数，约束规格条件满足。在这些假设之下，条件式（1）至式（4）既是必要条件也是充分条件。

我们首先来看看在λ^*处的拉格朗日函数：

$$L(x,\lambda^*) = F(x) + \lambda^*[c - G(x)]$$

因为函数$F(\cdot)$是凹函数，函数$G(\cdot)$是凸函数，$\lambda^*>0$，所以L是x的凹函数。那么，在下列条件成立时，L最大化：

$$L_1(x^*,\lambda^*) = F'(x^*) - \lambda^* G'(x^*) = 0$$

可以看出，最大化L的一阶条件与最大化F的一阶条件相同。同理可证在x^*处的关于λ的拉格朗日函数。

因此，用拉格朗日算式将约束最优化问题转换成无约束最优化问题。x^*是拉格朗日函数$L(x,\lambda^*)$的临界点。只有凹规划的假设下，x^*既是$L(x,\lambda^*)$的临界点，也最大化$F(x)$。

然而，在一般情况下，$F(x)$并不必是凹的，x^*总是$L(x,\lambda^*)$的临界点，但不必最大化$F(x)$。

如果多加一个非负约束，$x \geq 0$。约束最优化问题扩展为：

$$\max_x F(x)\, s.t.\, c \geq G(x)\ \text{且}\ x \geq 0$$

那么，我们引入两个拉格朗日乘子，构造拉格朗日算式为：

$$L(x,\lambda,\mu) = F(x) + \lambda[c - G(x)] + \mu x$$

写出x^*对应的一阶条件：

$$L_1(x^*,\lambda^*,\mu^*) = F'(x^*) - \lambda^* G'(x^*) + \mu^* = 0$$

库恩和塔克对该定理的原始陈述中并没有在拉格朗日算式中引入非负约束。反而，他们在有非负约束时，仍然将拉格朗日算式定义为：

$$L(x,\lambda) = F(x) + \lambda[c - G(x)]$$

那么，一阶条件就是：

$$L_1(x^*,\lambda^*) = F'(x^*) - \lambda^* G'(x^*) \leq 0, \text{如果} x^* > 0$$

因此，两种处理非负约束的方法得到相同的结果。

附录二　IPCC 的温室气体排放系数——CO_2（2006年）

IPCC 各种能源的 CO_2 排放系数

燃料类型		碳含量（kg/GJ）	排放因子	有效 CO_2 排放系数（kg/TJ）		
				系数	95% 置信区间	
		A	B	$C = A * B * 44/12 * 1000$	较低	较高
原油		20.0	1	73300	71100	75500
沥青质矿物燃料		21.0	1	77000	69300	85400
天然气液体		17.5	1	64200	58300	70400
汽油	车用汽油	18.9	1	69300	67500	73000
	航空汽油	19.1	1	70000	67500	73000
	喷气机汽油	19.1	1	70000	67500	73000
煤油		19.5	1	71500	69700	74400
其他煤油		19.6	1	71900	70800	73700
页岩油		20.0	1	73300	67800	79200
汽油/柴油		20.2	1	74100	72600	74800
残留燃料油		21.1	1	77400	75500	78800
液化石油气		17.2	1	63100	61600	65600
乙烷		16.8	1	61600	56500	68600
石油精		20.0	1	73300	69300	76300
地沥青		22.0	1	80700	73000	89900
润滑剂		20.0	1	73300	71900	75200
石油焦		26.6	1	97500	82900	115000
提炼厂原料		20.0	1	73300	68900	76600
其他油	炼油气	15.7	1	57600	48200	69000
	固体石蜡	20.0	1	73300	72200	74400
	石油溶剂和5BP	20.0	1	73300	72200	74400
其他石油产品		20.0	1	73300	72200	74400
无烟煤		26.8	1	98300	94600	101000
炼焦煤		25.8	1	94600	87300	101000

续表

燃料类型		碳含量（kg/GJ）	排放因子	有效 CO_2 排放系数（kg/TJ）		
				系数	95%置信区间	
其他沥青煤		25.8	1	94600	89500	99700
次沥青煤		26.2	1	96100	92800	100000
褐煤		27.6	1	101000	90900	115000
油页岩和焦油砂		29.1	1	107000	90200	125000
棕色煤压块		26.6	1	97500	87300	109000
专利燃料		26.6	1	97500	87300	109000
焦炭	焦炉焦炭和褐煤焦炭	29.2	1	107000	95700	119000
	煤气焦炭	29.2	1	107000	95700	119000
煤焦油		22.0	1	80700	68200	95300
派生的气体	煤气公司煤气	12.1	1	44400	37300	54100
	焦炉煤气	12.1	1	44400	37300	54100
	鼓风炉煤气	70.8	1	260000	219000	308000
	氧气吹炼钢炉煤气	49.6	1	182000	145000	202000
天然气		15.3	1	56100	54300	58300
城市废弃物（非生物量比例）		25.0	1	91700	73300	121000
工业废弃物		39.0	1	143000	110000	183000
废油		20.0	1	73300	72200	74400
泥炭		28.9	1	106000	100000	108000
固体生物燃料	木材/木材废弃物	30.5	1	112000	95000	132000
	亚硫酸盐废液（黑液）	26.0	1	95300	80700	110000
	其他主要固体生物量	27.3	1	100000	84700	117000
	木炭	30.5	1	112000	95000	132000
液体生物燃料	生物汽油	19.3	1	70800	59800	84300
	生物柴油	19.3	1	70800	59800	84300
	其他液体生物燃料	21.7	1	79600	67100	95300

燃料类型		碳含量（kg/GJ）	排放因子	有效 CO_2 排放系数（kg/TJ）		
				系数	95%置信区间	
气体生物量	填埋气体	14.9	1	54600	46200	66000
	污泥气体	14.9	1	54600	46200	66000
	其他生物气体	14.9	1	54600	46200	66000
其他非化石燃料	城市废弃物（生物量比例）	27.3	1	100000	84700	117000

注：（1）95%置信区间的较低和较高限定，假定对数正态分布。（2）TJ＝1000GJ。

参考文献

1. Acemoglu, D. , Aghion, P. , Bursztyn, L. , et al. "The Environment and Directed Technical Change" [J] . *The American Economic Review*, 2012, 102 (1): 131-166.

2. Acemoglu, D. , Golosov, M. , Tsyvinski, A. "Markets Versus Governments" [J] . *Journal of Monetary Economics*, 2008, 55 (1): 159-189.

3. Acemoglu, D. , Akcigit, U. , Hanley, D. , Kerr, W. "Transition to Clean Technology" [J] . *Journal of Political Economy*, 2016, 124 (1): 52-104.

4. Aghion, P. , Dechezlepretre, A. , Hemous, D. , Reenen, J. V. "Carbon Taxes, Path Dependency, and Directed Technical Change: Evidence from the Auto Industry" [J] . *Journal of Political Economy*, 2016, 124 (1): 1-51.

5. Allcott, H. , Greenstone, M. "Is there an Energy Efficiency Gap?" [J] . *The Journal of Economic Perspectives*, 2012, 26 (1): 3-28.

6. Almond, D. , Chen, Y. , Greenstone, M. , et al. "Winter Heating or Clean Air? Unintended Impacts of China's Huai River Policy" [J] . *American Economic Review*, 2009, 99 (2): 184-190.

7. Annicchiarico, B. , Di Dio, F. "Environmental Policy and Macroeconomic Dynamics in a New Keynesian Model" [J] . *Journal of Environmental Economics and Management*, 2015, 69: 1-21.

8. Antweiler, W. , Copeland, B. R. , Taylor, M. S. , et al. "Is Free Trade Good

for the Environment" ［J］. *The American Economic Review*, 2001, 91 (4): 877-908.

9. Antweiler, W. "How Effective is Green Regulatory Threat?" ［J］. *The American Economic Review*, 2003, 93 (2): 436-441.

10. Kander, A. "Baumol's Disease and Dematerialization of the Economy" ［J］. *Ecological Economics*, 2005, 55: 119-130.

11. Auffhammer, M., Kellogg, R. "Clearing the Air? The Effects of Gasoline Content Regulation on Air Quality" ［J］. *The American Economic Review*, 2011, 101 (6): 2687-2722.

12. Ayres, R. U., Kneese, A. V. "Production, Consumption, and Externalities" ［J］. *The American Economic Review*, 1969, 59 (3), 282-297.

13. Babiker, M. H., Metcalf, G. E., Reilly, J. "Tax Distortions and Global Climate Policy" ［J］. *Journal of Environmental Economics and Management*, 2003, 46 (2): 269-287.

14. Banzhaf, H. S., Walsh, R. P. "Segregation and Tiebout Sorting: The Link Between Place-Based Investments and Neighborhood Tipping" ［J］. *Journal of Urban Economics*, 2013: 83-98.

15. Barbier, E. B. *Ecosystem Services and Wealth Accounting*. Inclusive Wealth Report 2012 Measuring Progress Toward Sustainability, 2007: 165-194.

16. Barman, T. R., Gupta, M. R. "Public Expenditure, Environment and Economic Growth" ［J］. *Journal of Public Economic Theory*, 2010, 12 (6): 1109-1134.

17. Barreca, A., Clay, K., Deschênes, O. et al. "Adapting to Climate Change: The Remarkable Decline in the US Temperature-mortality Relationship over the Twentieth Century" ［J］. *Journal of Political Economy*, 2016, 124 (1): 105-159.

18. Barreca, A., Clay, K., Deschênes, O. et al. "Convergence in Adaptation to Climate Change: Evidence from High Temperatures and Mortality, 1900-

2004" ［J］. *American Economic Review*, 2015, 105 (5): 247-51.

19. Battaglini, M., Harstad, B. "Participation and Duration of Environmental Agreements" ［J］. *Journal of Political Economy*, 2016, 124 (1): 160-204.

20. Baumol, W. J., Oates, W. E. *The Theory of Environmental Policy* ［M］. Cambridge University Press.

21. Baumol, W. J. "Macroeconomics of Unbalanced Growth: the Anatomy of Urban Crisis" ［J］. *The American Economic Review*, 1967, 57 (3): 415-426.

22. Baumol, W. J. "On taxation and the Control of Externalities" ［J］. *The American Economic Review*, 1972, 62 (3): 307-322.

23. Bayer, P., Keohane, N., Timmins, C. "Migration and Hedonic Valuation: The Case of Air Quality" ［J］. *Journal of Environmental Economics and Management*, 2009, 58 (1): 1-14.

24. Baylis, K., Fullerton, D. "Karney D H. Leakage, Welfare, and Cost-Effectiveness of Carbon Policy" ［J］. *The American Economic Review*, 2013, 103 (3): 332-337.

25. Becker, R., Henderson, V. "Effects of Air Quality Regulations on Polluting Industries" ［J］. *Journal of political Economy*, 2000, 108 (2): 379-421.

26. Bento, A. M., Goulder, L. H., Jacobsen, M. R., et al. "Distributional and Efficiency Impacts of Increased US Gasoline Taxes" ［J］. *The American Economic Review*, 2009, 99 (3): 667-699.

27. Bernauer, T., Koubi, V. "Are Bigger Governments Better Providers of Public Goods? Evidence from Air Pollution" ［J］. *Public Choice*, 2013, 156: 593-609.

28. Blackman, A., Harrington, W. "The Use of Economic Incentives in Developing Countries: Lessons from International Experience with Air Pollution" ［J］. *Journal of Environment and Development*, 2000, 9: 5-44.

29. Blanchard, O. J. "Output, the Stock Market, and Interest Rates" ［J］. *The American Economic Review*, 1981, 71 (1): 132-143.

30. Blanchard, O., 许文立等. 2017. DSGE 会有未来吗？［J］. 经济资料译

丛, 2017 (1): 4-8.

31. Borenstein, S. "The Redistributional Impact of Nonlinear Electricity Pricing" [J]. *American Economic Journal: Economic Policy*, 2012, 4 (3): 56-90.

32. Bosello, F, Carraro, C., Galeotti, M. "The Double Dividend Issue: Modeling Strategies and Empirical Findings" [J]. *Environment and Development Economics*, 2001, 6 (1): 9-45.

33. Bovenberg, A. L., Goulder, L. H. "Optimal Environmental Taxation in the Presence of Other Taxes: General-Equilibrium Analyses" [J]. *The American Economic Review*, 1996, 86 (4): 985-1000.

34. Bovenberg, A. L. "Green Tax Reforms and the Double Dividend: an Updated Reader's Guide" [J]. *International Tax and Public Finance*, 1999, 6 (3): 421-443.

35. Bovenberg, A., Goulder, L. H. *Neutralizing the Adverse Industry Impacts of CO_2 Abatement Policies: What does it Cost?* [M]. Behavioral and Distributional Effects of Environmental Policy. University of Chicago Press, 2001: 45-90.

36. Bovenberg, A. L., De Mooij, R. A. "Environmental Levies and Distortionary Taxation" [J]. *The American Economic Review*, 1994, 84 (4): 1085-1089.

37. Bovenberg, A. L., Goulder, L. H. "Costs of Environmentally Motivated Taxes in the Presence of Other Taxes: General Equilibrium Analyses" [J]. *National Tax Journal*, 1997, 59-87.

38. Brock, W. *A Polluted Golden Age. In Economics of Natural and Environmental Resources* [M]. Gordon & Breach, 1973, 441-461.

39. Brown, T. C., Bergstrom, J. C., Loomis, J. B. "Defining, Valuing, and Providing Ecosystem Goods and Services" [J]. *Natural Resources Journal*, 2007: 329-376.

40. Brumm, H. J., Dick, D. T. "Federal Environmental Policy and R&D on Water Pollution Abatement" [J]. *The American Economic Review*, 1976, 66 (2): 448-453.

41. Bu, M. , Wagner, M. "Racing to the Bottom and Racing to the Top: The Crucial Role of Firm Characteristics in Foreign Direct Investment Choices" [J] . *Journal of International Business Studies.* 2016, 47 (9) 1032-1057.

42. Buchanan, J. W. , Stubblebine, W. C. "Externality" [J] . *Economica*, 1962, 29, 371-384.

43. Bui, L. T. "Gains from Trade and Strategic Interaction: Equilibrium Acid Rain Abatement in the Eastern United States and Canada" [J] . *The American Economic Review*, 1998, 88 (4): 984-1001.

44. Burgess, R. , Donaldson, D. "Can Openness Mitigate the Effects of Weather Shocks? Evidence from India's Famine Era" [J] . *The American economic review*, 2010: 449-453.

45. Burtraw, D. , Linn, J. , Palmer, K. , et al. "The Costs and Consequences of Clean Air Act Regulation of CO_2 from Power Plants" [J] . *The American Economic Review*, 2014, 104 (5): 557-562.

46. Bushnell, J. B. , Chen, Y. "Regulation, Allocation, and Leakage in Cap-and-Trade Markets for CO_2 " [R] . *National Bureau of Economic Research*, 2009.

47. Bushnell, J. B. , Mansur, E. T. "Vertical Targeting and Leakage in Carbon Policy" [J] . *The American Economic Review*, 2011, 101 (3): 263-267.

48. Cai, H. , Chen, Y. , Gong, Q. "Polluting thy Neighbor: Unintended Consequences of China's Pollution Reduction Mandates" [J] . *Journal of Environmental Economics and Management*, 2016, 76: 86-104.

49. Carbone, J. C. "Linking Numerical and Analytical Models of Carbon Leakage" [J] . *The American Economic Review*, 2013, 103 (3): 326-331.

50. Carbone, J. C. , Smith, V. K. "Valuing Nature in a General Equilibrium" [J] . *Journal of Environmental Economics and Management*, 2013, 66 (1): 72-89.

51. Cason, T. N. "An Experimental Investigation of the Seller Incentives in the

EPA's Emission Trading Auction" [J] . *The American Economic Review*, 1995, 85 (4) .

52. Chakraborti, L. "Do Plants' Emissions Respond to Ambient Environmental Quality? Evidence from the Clean Water Act" [J] . *Journal of Environmental Economics and Management*, 2016, 79: 55-69.

53. Chang, C., Chen, K., Waggoner, D. F., et al. Trends and Cycles in China's Macroeconomy. NBER Macroeconomics Annual, 2016, 30 (1): 1-84.

54. Chay, K. Y., Greenstone, M. "Does Air Quality Matter? Evidence from the Housing Market" [J] . *Journal of political Economy*, 2005, 113 (2): 376-424.

55. Chay, K. Y., Greenstone, M. "The Impact of Air Pollution on Infant Mortality: Evidence from Geographic Variation in Pollution Shocks Induced by a Recession" [J] . *The quarterly journal of economics*, 2003, 118 (3): 1121-1167.

56. Chen, Z., Kahn, M. E., Liu, Y., et al. "The Consequences of Spatially Differentiated Water Pollution Regulation in China" [R] . *National Bureau of Economic Research*, 2016.

57. Chen, X., Moul, C. C. "Disease or Utopia? Testing Baumol in Education" [J] . *Economics Letters*, 2014, 122: 220-223

58. Chichilnisky, G. "North-South Trade and the Global Environment" [J] . *The American Economic Review*, 1994, 84 (4): 851-874.

59. Coase., R. H. "The Problem of Social Cost" [J] . *The Journal of Law and Economics*, 1960, 3: 1-44.

60. Colombier, C. *Drivers of Health Care Expenditure: Does Baumol's Cost Disease Loom Large?* FiFo Discussion Paper No. 12-5, 2012.

61. Converse, A. O. "On the Extension of Input-Output Analysis to Account for Environmental Externalities" [J] . *The American Economic Review*, 1971, 61

(1) .

62. Copeland, B. R. , Taylor, M. S. "North–South Trade and the Environment" [J] . *Quarterly Journal of Economics*, 1994, 109 (3): 755–787.

63. Copeland, B. R. , Taylor, M. S. "Trade and Transboundary Pollution" [J] . *The American Economic Review*, 1995: 716–737.

64. Copeland, B. R. , Taylor, M. S. "Trade, Growth, and the Environment" [J] . *Journal of Economic literature*, 2004, 42 (1): 7–71.

65. Costinot, A. , Donaldson, D. , Smith, C. "Evolving Comparative Advantage and the Impact of Climate Change in Agricultural Markets: Evidence from 1.7 million fields around the world" [J] . *Journal of Political Economy*, 2016, 124 (1): 205–248.

66. Cowen, T. , "Why I Do Not Believe in the Cost – Disease: Comment on Baumol" [J] . *Journal of Cultural Economics*, 1996, 20: 207–214

67. Cropper, M. L. , Jiang, Y. , Alberini, A. , et al. "Getting Cars off the Road: the Cost – Effectiveness of an Episodic Pollution Control Program" [J] . *Environmental and Resource Economics*, 2014, 57 (1): 117–143.

68. Cropper, M. L. , Oates, W. E. "Environmental Economics: a Survey" [J] . *Journal of Economic Literature*, 1992, 30 (2): 675–740.

69. Currie, J. , Davis, L. , Greenstone, M. , et al. "Environmental Health Risks and Housing Values: Evidence from 1, 600 Toxic Plant Openings and Closings" [J] . *The American Economic Review*, 2015, 105 (2): 678–709.

70. Currie, J. , Neidell, M. , "Air Pollution and Infant Health: What Can We Learn from California's Recent Experience?" [J] . *The Quarterly Journal of Economics*, 2005, 120 (3): 1003–1030.

71. Currie, J. , Schmieder, J. F. , "Fetal Exposures to Toxic Releases and Infant Health" [J] . *The American Economic Review*, 2009, 99 (2): 177–183.

72. Dales, J. , *Pollution, Property and Price* [M] . Toronto Universty Press, 1968.

73. Daly, G., Giertz, J. F. "Externalities, Extortion, and Efficiency" [J] . *The American Economic Review*, 1975, 65 (5): 997-1001.

74. Daly, H. E. "The Circular Flow of Exchange Value and the Linear Throughput of Matter-Energy: A Case of Misplaced Concreteness" [J] . *Review of Social Economy*, 1985, 43 (3): 279-97.

75. Daly, H. E. "Towards an Environmental Macroeconomics: Reply" [J] . *Land Economics*, 1992, 68 (2): 244-245.

76. Daly, H. E. "Towards an Environmental Macroeconomics" [J] . *Land Economics*, 1991, 67 (2): 255-259.

77. d'Arge, R. C., Schulze, W. D., Brookshire, D. S. "Carbon Dioxide and Intergenerational Choice" [J] . *The American Economic Review*, 1982, 72 (2): 251-256.

78. Dasgupta, P., Heal, G. "The Optimal Depletion of Exhaustible Resources" [J] . *The Review of Economic Studies*, 1974, 41, 3-28.

79. Davis, S., Haltiwanger, J., "Sectoral Job Creation and Destruction Responses to Oil Price Changes" [J] . *Journal of Monetary Economics*, 2001, 48: 465-512.

80. De Haan, M., Keuning, S. "The NAMEA as Validation Instrument for Environmental Macroeconomics" [J] . *Integrated Assessment*, 2001, 2 (2).

81. Deacon, R. T., Kolstad, C. D., Kneese A V, et al. "Research Trends and Opportunities in Environmental and Natural Resource Economics" [J] . *Environmental and resource Economics*, 1998, 11 (3-4): 383-397.

82. Decker, C. S., Wohar, M. E. "Substitutability or Complementarity? Re-visiting Heyes' IS-LM-EE Model" [J] . *Ecological Economics*, 2012 (74): 3-7.

83. Deryugina, T., Heutel, G., Miller, N. H., et al. "The Mortality and Medical Costs of Air Pollution: Evidence from Changes in Wind Direction" [R] . *National Bureau of Economic Research*, 2016.

84. Deschênes, O. , Greenstone, M. , Guryan J. "Climate Change and Birth Weight" [J] . *The American Economic Review*, 2009, 99 (2): 211-217.

85. Deschênes, O. , Greenstone, M. "Climate Change, Mortality, and Adaptation: Evidence from Annual Fluctuations in Weather in the US" [J] . *American Economic Journal: Applied Economics*, 2011, 3 (4): 152-185.

86. Dinda, S. "Environmental Kuznets Curve Hypothesis: a Survey" [J] . *Ecological economics*, 2004, 49 (4): 431-455.

87. Dioikitopoulos, E. V. , Ghosh, S. , Vella, E. "Technological Progress, Time Perception and Environmental Sustainability" [G] . Sheffield Economic Research Paper Series, 2016, University of Sheffield ISSN 1749-8368.

88. Dissou, Y. , Karnizova, L. "Emissions Cap or Emissions Tax? A multi-sector Business Cycle Analysis" [J] . *Journal of Environmental Economics and Management*, 2016, 79: 169-188.

89. Duggan, J. , Roberts, J. "Implementing the Efficient Allocation of Pollution" [J] . *The American Economic Review*, 2002, 92 (4): 1070-1078.

90. Ebenstein, A. , Fan, M. , Greenstone, M. , et al. "Growth, Pollution, and Life Expectancy: China from 1991-2012" [J] . *American Economic Review*, 2015, 105 (5): 226-231.

91. Ebenstein, A. "The Consequences of Industrialization: Evidence from Water Pollution and Digestive Cancers in China" [J] . *Review of Economics and Statistics*, 2012, 94 (1): 186-201.

92. Elliott, J. , Foster, I. , Kortum, S. , et al. "Trade and Carbon Taxes" [J] . *The American Economic Review*, 2010, 100 (2): 465-469.

93. Esty, D. C. "Rethinking Global Environmental Governance to Deal with Climate Change : The Multiple Logics of Global Collective Action" [J] . *The American Economic Review*, 2008, 98 (2): 116-121.

94. Fabra, N. , Reguant, M. "Pass-through of Emissions Costs in Electricity

Markets" [J] . *The American Economic Review*, 2014, 104 (9): 2872
-2899.

95. Falk, I., Mendelsohn, R. "The Economics of Controlling Stock Pollutants:
an Efficient Strategy for Greenhouse Gases" [J] . *Journal of Environmental
Economics and Management*, 1993, 25 (1): 76-88.

96. Fischer, C., Heutel, G. "Environmental macroeconomics: Environmental
Policy, Business Cycles, and Directed Technical Change" [J] . *Annu. Rev.
Resour. Econ.*, 2013, 5: 197-210.

97. Fischer, C., Springborn, M. "Emissions Targets and the Real Business
Cycle: Intensity Targets Versus Caps or Taxes" [J] . *Journal of
Environmental Economics and Management*, 2011, 62: 352-366.

98. Fisher, A. C., Krutilla, J. V., Cicchetti, C. J. "The Economics of
Environmental Preservation: A Theoretical and Empirical Analysis" [J] . *The
American Economic Review*, 1972, 62 (4): 605-619.

99. Fisher, A. C. "Environmental Externalities and the Arrow – Lind Public
Investment Theorem" [J] . *The American Economic Review*, 1973, 63 (4):
722-725.

100. Forster, B. A. "Optimal Capital Accumulation in a Polluted Environment"
[J] . *Southern Economic Journal*, 1973, 39 (4): 544-547.

101. Foster, A., Gutierrez, E., Kumar, N. "Voluntary Compliance, Pollution
Levels, and Infant Mortality in Mexico" [J] . *The American Economic Review*,
2009, 99 (2): 191-197.

102. Fowlie, M., Holland, S. P., Mansur, E. T. "What do Emissions Markets
Deliver and to Whom? Evidence from Southern California's NOx Trading
Program" [J] . *The American Economic Review*, 2012, 102 (2): 965-993.

103. Fowlie, M., Knittel, C. R., Wolfram, C., et al. "Sacred Cars? Cost –
Effective Regulation of Stationary and Nonstationary Pollution Sources"
[J] . *American Economic Journal: Economic Policy*, 2012, 4 (1): 98-126.

104. Fowlie, M., Reguant, M., Ryan, S. P. "Market-Based Emissions Regulation and Industry Dynamics" [J]. *Journal of Political Economy*, 2016, 124 (1): 249-302.

105. Fraas, A., Lutter, R. "Efficient Pollution Regulation: Getting the Prices right: Comment" [J]. *The American Economic Review*, 2012, 102 (1): 602-607.

106. Fredriksson, P. G. "How Pollution Taxes May Increase Pollution and Reduce Net Revenues" [J]. *Public Choice*, 2001, 107 (1-2): 65-85.

107. Freeman, A., "The Incidence of the Cost of Controlling Automobile Air Pollution", in: F. T. Juster (ed.), *The distribution of economic well-being*, Ballinger Publishers, Cambridge, 1977.

108. Fullerton, D., Monti, H. "Can Pollution Tax Rebates Protect Low-Wage Earners?" [J]. *Journal of Environmental Economics and Management*, 2013, 66 (3): 539-553.

109. Fullerton, D., Wolfram, C. *The Design and Implementation of US Climate Policy* [M]. University of Chicago Press, 2012.

110. Fullerton, D., Wolverton, A. "The Two-Part Instrument in a Second-Best world" [J]. *Journal of Public Economics*, 2005, 89 (9): 1961-1975.

111. Fullerton, D. "Environmental Levies and Distortionary Taxation: Comment" [J]. *The American Economic Review*, 1997a, 87 (1): 245-251.

112. Fullerton, D. Environmental Tax Policy Using a Two-Part Instrument. NBER Reporter, 10. http://www.nber.org/reporter/reporter_archive/Summer% 201997_ 1. pdf, 1997b.

113. Fullerton, D., Heutel, G. "The General Equilibrium Incidence of Environmental Taxes" [J]. *Journal of Public Economics*, 2007, 91, 571-591.

114. Fullerton, D., Metcalf, G. E. "Environmental Taxes and the Double Dividend Hypothesis: Did You Really Expect Something For Nothing?" [J]. *Chicago-Kent Law Review*, 1998, 73 (1): 221-56.

115. Fullerton, D., Wolfram, C., "Environmental and Energy Economics" [R]. *NBER Reporter*, 2, 2016. http://www.nber.org/reporter/2016number2/#report

116. Galinato, G. I., Galinato, S. P., "The Effects of Government Sending on Deforestation Due to Agricultural Land Expansion and CO_2 Related Emissions" [J]. *Ecological Economics*, 2016, 122: 43–53.

117. Galinato, G. I., Islam, A., "The Challenge of Addressing Consumption Pollutants with Fiscal Policy" [J]. *Environment and development Economics*, 2017, 22 (5): 624–647.

118. Gaskins, D. W., Weyant J. P. "Model Comparisons of the Costs of Reducing CO_2 Emissions" [J]. *The American Economic Review*, 1993, 83 (2): 318–323.

119. Gautier, L., "Emission Taxes and Product Differentiation in the Presence of Foreign Firms" [J]. *Journal of Public Economic Theory*, 2016, DOI: 10.1111/jpet.12204.

120. Georgescu-Roegen, N. *The Entropy Law and the Economic Process* [M]. Cambridge: Harvard University, 1971.

121. Gerarden, T. D., Newell R. G. "Stavins R N. Assessing the Energy–Efficiency Gap" [R]. *National Bureau of Economic Research*, 2015.

122. Goulder, L. H., Bovenberg, A. L. "Environmental Taxation and Regulation in a Second-Best Setting" [J]. Handbook of Public Economics, ed. Martin Feldstein and Alan J. Auerbach, 2002, 3: 1471–1545.

123. Goulder, L. H., Hafstead, M. A.C., Williams, III R. C. "General Equilibrium Impacts of a Federal Clean Energy Standard" [J]. *American Economic Journal: Economic Policy*, 2016, 8 (2): 186–218.

124. Goulder, L. H., Schein A. R. "Carbon Taxes Versus Cap and Trade: A Critical Review" [J]. *Climate Change Economics*, 2013, 4 (3): 1350010.

125. Greenstone, M., Hanna R. "Environmental Regulations, Air and Water

Pollution, and Infant Mortality in India" [J] . *The American Economic Review*, 2014, 104 (10): 3038-3072.

126. Greenstone, M. "Estimating Regulation-Induced Substitution: The Effect of the Clean Air Act on Water and Ground Pollution" [J] . *The American Economic Review*, 2003, 93 (2): 442-448.

127. Grossman, G. M. , Krueger, A. B. "Economic Growth and the Environment" [J] . *The Quarterly Journal of Economics*, 1995, 110 (2): 353-377.

128. Gruenspecht, H. K. "Differentiated Regulation: The Case of Auto Emissions Standards" [J] . *The American Economic Review*, 1982, 72 (2): 328-331.

129. Hahn, R. W. , Stavins, R. N. "Economic Incentives for Environmental Protection: Integrating Theory and Practice" [J] . *The American Economic Review*, 1992, 82 (2): 464-468.

130. Halkos, G. E. , Paizanos, E. A. "The Effect of Government Expenditure on the Environment: An Empirical Investigation" [J] . *Ecological Economics*, 2013, 91: 48-56.

131. Hartwig, J. "What Drives Health Care Expenditure? —Baumol's Model of 'Unbalanced Growth' Revisited" [J] . *Journal of Health Economics*, 2008, 27: 603-623

132. Hassett, K. A. , Metcalf, G. E. "Energy Tax Credits and Residential Conservation Investment: Evidence from Panel Data" [J] . *Journal of Public Economics*, 1995, 57 (2): 201-217.

133. Hassler, J. , Krusell, P. "Economics and Climate Change: Integrated Assessment in a Multi-region World" [J] . *Journal of the European Economic Association*, 2012, 10 (5): 974-1000.

134. Hassler, J. , Krusell, P. , Smith, A. A. "Environmental Macroeconomics" [J] . *Handbook of Macroeconomics*, 2016, 2: 1893-2008.

135. Helfand, G. E. "Standards Versus Standards: The Effects of Different

Pollution Restrictions"［J］. *The American Economic Review*, 1991, 81 (3): 622-634.

136. Henderson, J. V. "Effects of Air Quality Regulation"［J］. *The American Economic Review*, 1996: 789-813.

137. Heutel, G. "How Should Environmental Policy Respond to Business Cycles? Optimal Policy under Persistent Productivity Shocks"［J］. *Review of Economic Dynamics*, 2012, 15 (2): 244-264.

138. Heutel, G., Kelly, D. L. "Incidence, Environmental, and Welfare Effects of Distortionary Subsidies"［J］. *Journal of the Association of Environmental and Resource Economists*, 2016, 3 (2): 361-415.

139. Heyes, A., Neidell, M., Saberian, S. "The Effect of Air Pollution on Investor Behavior: Evidence from the S&P 500"［R］. *National Bureau of Economic Research*, 2016.

140. Heyes, A. "A Proposal for the Greening of Textbook Macro: ' IS – LM – EE ' "［J］. *Ecological economics*, 2000, 32 (1): 1-7.

141. Holladay, J. S., Price, M. K. Wanamaker, M. "The Perverse Impact of Calling for Energy Conservation"［J］. *Journal of Economic Behavior & Organization*, 2015, 110: 1-18.

142. Holland, S. P., Mansur, E. T., Muller, N. Z., Yates, A. J. "Are There Environmental Benefits from Driving Electric Vehicles? The Importance of Local Factors"［J］. *American Economic Review*, 2016, 106 (12): 3700-3729.

143. Holland, S. P., Yates, A. J. "Optimal Trading Ratios for Pollution Permit Markets"［J］. *Journal of Public Economics*, 2015, 125: 16-27.

144. Howarth, R. B., Norgaard, R. B. "Environmental Valuation under Sustainable Development"［J］. *The American Economic Review*, 1992, 82 (2).

145. IPCC, "Climate change 2001: The scientific basis (third assessment report) ", 2001, http://www.ipcc.ch/ipccreports/tar/wg1/.

146. IPCC, *Climate Change* 2014: *Synthesis Report the Fifth Assessment Report* (*AR5*) ［M］. Cambridge University Press, 2014.

147. IPCC. IPCC Guidelines for National Greenhouse Gas Inventories. 2006, http: //www. ipcc-nggip. iges. or. jp/public/2006gl/index. html.

148. Islam F. , Lopez R. "Government Spending and Air Pollution in the US" ［J］. *International Review of Environmental and Resource Economics*, 2015, 8 (2): 139-189.

149. Jaffe, A. B. , Richard, G. N. , Robert N. S. "Environmental Policy and Technological Change" ［J］. *Environmental and Resource Economics* 22. 1-2 (2002): 41-70.

150. Jonathan M. H. , "Ecological Macroeconomics: Consumption, Investment, and Climate Change", Global Development and Environment Institute, Working Paper No. 08-02, 2008.

151. Jones B. F. , Olken B. A. "Climate Shocks and Exports" ［J］. *The American Economic Review*, 2010, 100 (2): 454-459.

152. Jorgenson, D. W. , Goettle, R. , Mun, H. , Slesnick, D. T. , Peter, W. , "The Distributional Impact of Climate Policy" ［J］. *The B. E. Journal of Economic Analysis & Policy*, 2011, 10 (2).

153. Joskow, P. L. , Schmalensee, R. , Bailey, E. M. , et al. "The Market for Sulfur Dioxide Emissions" ［J］. *The American Economic Review*, 1998, 88 (4): 669-685.

154. Jouvet, P. A. , Michel, P. , Rotillon, G. "Optimal Growth with Pollution: How to Use Pollution Permits" ［J］. *Journal of Economic Dynamics and Control*, 2005, 29, 1597-1609.

155. Kahn, M. E. , Li, P. , Zhao, D. "Water Pollution Progress at Borders: The Role of Changes in China's Political Promotion Incentives" ［J］. *American Economic Journal: Economic Policy*, 2015, 7 (4): 223-242.

156. Keeler, E. , Spence, M. , Zeckhauser, R. "The Optimal Control of

Pollution"［J］. *Economics of Natural and Environmental Resources, Routledge Revivals*, 1971, 4（1）: 19-34.

157. Keskin, P. , Shastry, G. K. , Willis, H. "Water Quality Awareness and Breastfeeding: Evidence of Health Behavior Change in Bangladesh"［J］. *Review of Economics and Statistics*, 2017, 99（2）: 265-280.

158. Kim, I. M. , Loungani, P. , "The Role of Energy in Real Business Cycle Models"［J］. *Journal of Monetary Economics*, 1992, 29: 173-189.

159. Kneese, A. "Pollution and Pricing"［J］. *The American Economic Review*, 1972, 62（5）.

160. Kneese, A. V. "Environmental pollution: Economics and Policy"［J］. *The American Economic Review*, 1971, 61（2）: 153-166.

161. Kuminoff, N. V. , Smith, V. K. , Timmins, C. "The New Economics of Equilibrium Sorting and Policy Evaluation Using Housing Markets"［J］. *Journal of Economic Literature*, 2013, 51（4）: 1007-1062.

162. Laurie, J. B. , Rexford, E. S. , "Does the U. S. Health Care Sector Suffer from Baumol's Cost Disease? Evidence from the 50 States"［J］. *Journal of Health Economics*, 2013, 32: 386- 391.

163. Lave, L. B. "Mitigating Strategies for Carbon Dioxide Problems"［J］. *The American Economic Review*, 1982, 72（2）: 257-261.

164. Lawn, P. A. "On Heyes' IS-LM-EE Proposal to Establish an Environmental Macroeconomics"［J］. *Environment and Development Economics*, 2003, 8（1）: 31-56.

165. Levinson, A. "Technology, International Trade, and Pollution from US Manufacturing"［J］. *The American economic review*, 2009, 99（5）: 2177-2192.

166. Levinson, A. "Valuing Public Goods using Happiness Data: The Case of Air Quality"［J］. *Journal of Public Economics*, 2012, 96（9）: 869-880.

167. Li, S. , Kahn, M. E, Nickelsburg, J. , et al. "Public Transit Bus

Procurement: The Role of Energy Prices, Regulation and Federal Subsidies" [J]. *Journal of Urban Economics*, 2015: 57-71.

168. Lopez, R., Galinato, G. I., Islam, A. "Fiscal Spending and the Environment: Theory and Empirics" [J], *Journal of Environmental Economics and Management*, 2011, 62: 180-198.

169. Lovely, M., Popp, D. "Trade, Technology, and the Environment: Does Access to Technology Promote Environmental Regulation?" [J]. *Journal of Environmental Economics and Management*, 2011, 61 (1): 16-35.

170. Mäler, K. G. "A Note on the Use of Property Values in Estimating Marginal Willingness to Pay for Environmental Quality" [J]. *Journal of environmental Economics and Management*, 4 (4), 355-369.

171. Malthus, T. R. An Essay on the Principle of Population, as it Affects the Future Improvement of Society: With Remarks on the Speculations of Mr. Godwin, Mr. Condorcet, and Other Writers. London, Printed For J. Johnson, is ST. Paul's Churchyard, 1798.

172. Mankiw, N. G. "A Quick Refresher Course in Macroeconomics" [J]. *Journal of Economic Literature*, 1990, 28: 1645-166

173. Manne, A. S., Richels, R. G. "International Trade in Carbon Emission Rights: a Decomposition Procedure" [J]. *The American Economic Review*, 1991, 81 (2): 135-139.

174. Marron, D. B., Toder, E. T. "Tax Policy Issues in Designing a Carbon Tax" [J]. *The American Economic Review*, 2014, 104 (5): 563-568.

175. Martin, R., Muûls, M., De Preux, L. B., et al. "Industry Compensation Under Relocation Risk: A Firm-Level Analysis of the EU Emissions Trading Scheme" [J]. *The American Economic Review*, 2014, 104 (8): 2482-2508.

176. McCain, R. A. "Endogenous Bias in Technical Progress and Environmental Policy" [J]. *The American Economic Review*, 1978, 68 (4): 538-546.

177. McLure, J. C. E. "Selected International Aspects of Carbon Taxation" [J]. *The American Economic Review*, 2014, 104 (5): 552-556.

178. MEA. "Ecosystems and Human Well-Being: Synthesis. Island" [J], Washington, DC, 2005.

179. Meng, K. C. "Using a Free Permit Rule to Forecast the Marginal Abatement Cost of Proposed Climate Policy" [J]. *American Economic Review*, 2017, 107 (3): 748-784.

180. Metcalf, G. E. "Environmental Levies and Distortionary Taxation: Pigou, Taxation and Pollution" [J]. *Journal of Public Economics*, 2003, 87 (2): 313-322.

181. Metcalf, G. E. "Using Tax Expenditures to Achieve Energy Policy Goals" [J]. *The American Economic Review*, 2008, 98 (2): 90.

182. Miao, Q., Popp, D. "Necessity as the Mother of Invention: Innovative Responses to Natural Disasters" [J]. *Journal of Environmental Economics and Management*, 2014, 68 (2): 280-295.

183. Moore, B., Braswell, B. H. "The Lifetime of Excess Atmospheric Carbon Dioxide" [J]. *Global Biogeochemical Cycles*, 1994, 8 (1): 23-38.

184. Morgenstern, R. D. "Towards a Comprehensive Approach to Global Climate Change Mitigation" [J]. *The American Economic Review*, 1991: 140-145.

185. Muller, N. Z., Mendelsohn R., Nordhaus W. "Environmental Accounting for Pollution in the United States Economy" [J]. *The American Economic Review*, 2011, 101 (5): 1649-1675.

186. Muller, N. Z., Mendelsohn, R. "Efficient Pollution Regulation: Getting the Prices Right" [J]. *The American Economic Review*, 2009, 99 (5): 1714-1739.

187. Noll, R. G. "Implementing Marketable Emissions Permits" [J]. *The American economic review*, 1982, 72 (2): 120-124.

188. Nordhaus, W. D. "Climate Clubs: Overcoming Free-Riding in International

Climate Policy" [J]. *American Economic Review*, 2015, 105 (4): 1339-1370.

189. Olmstead, S., Stavins, R. "An International Policy Architecture for the Post -Kyoto Era" [J]. *The American Economic Review*, 2006, 96 (2): 35-38.

190. Pigou, A. C. *The Economics of Welfare* [M]. Macmillan and Company limited, 1929.

191. Pittman, R. W. "Issues in Pollutioncontrol: Interplant Cost Differences and Economies of Scale" [J]. *Land Economics*, 1980, 57, 1-17.

192. Pizer, W. A. "The Evolution of a Global Climate Change Agreement" [J]. *The American Economic Review*, 2006, 96 (2): 26-30.

193. Pizer, W. A. "Combining Price and Quantily Controls to Mitigate Global Climate Change" [J]. *Journal of Public Economics*, 2001, 85: 409-433.

194. Popp, D. "ENTICE: Endogenous Technological Change in the DICE Model of Global Warming" [J]. *Journal of Environmental Economics and management*, 2004, 48 (1): 742-768.

195. Popp, D. "R&D Subsidies and Climate Policy: is There a 'free lunch'?" [J]. *Climatic Change*, 2006, 77 (3): 311-341.

196. Popp, D. "International Innovation and Diffusion of Air Pollution Control Technologies: The Effects of NOx and SO_2 Regulation in the US, Japan, and Germany" [J]. *Journal of Environmental Economics and Management*, 2006, v51 (1, Jan), 46-71.

197. Popp, D. "International Technology Transfer, Climate Change, and the Clean Development Mechanism," [J]. *Review of Environmental Economics and Policy*, 2011, 5 (1): 131-152.

198. Rezai, A., Stagl, S. "Ecological Macroeconomics: Introduction and Review" [J], *Ecological Economics*, 2016, 121: 181-185.

199. Romer, D. *Advanced Macroeconomics* [M]. New York, McGraw-

Hill, 2012.

200. Røpke, I. "Complementary System Perspectives in Ecological Macroeconomics—The Example of Transition Investments During the Crisis" [J] . *Ecological Economics*, 2016, 121: 237-245.

201. Sandmo, A. *The public Economics of the Environment* [M] . OUP Oxford, 2000.

202. Saunders, E. M. "Stock Prices and Wall Street Weather" [J] . *The American Economic Review*, 1993, 83 (5): 1337-1345.

203. Selden, T. , Song, D. "Neoclassical Growth, the J Curve for Abatement, and the Inverted U Curve for Pollution" [J] . *Journal of Environmental Economics and Management*, 1995, 29: 162-168.

204. Seskin, E. P. "Residential Choice and Air Pollution: a General Equilibrium Model" [J] . *The American Economic Review*, 1973, 63 (5): 960-967.

205. Shavell, S. "Corrective Taxation Versus Liability" [J] . *The American Economic Review*, 2011, 101 (3): 273-276.

206. Sigman, H. , Chang, H. F. "The Effect of Allowing Pollution Offsets with Imperfect Enforcement" [J] . *The American Economic Review*, 2011, 101 (3): 268-272.

207. Sigman, H. "Transboundary Spillovers and Decentralization of Environmental Policies" [J] . *Journal of Environmental Economics and Management*, 2005, 50 (1): 82-101.

208. Sim, N. C. S. "Environmental Keynesian Macroeconomics: Some Further Discussion" [J] . *Ecological Economics*, 2006, 59 (4): 401-405.

209. Smith, V. K. , Huang, J. C. "Can Markets Value Air Quality? A Meta-Analysis of Hedonic Property Value Models" [J] . *Journal of Political Economy*, 1995, 103 (1): 209-227.

210. Smith, V. K. , Krutilla, J. V. "Economic Growth, Resource Availability, and Environmental Quality" [J] . *The American Economic Review*, 1984, 74 (2) .

211. Smith, V. K., Sieg, H., Banzhaf, H. S, et al. "General Equilibrium Benefits for Environmental Improvements: Projected Ozone Reductions Under EPA's Prospective Analysis for the Los Angeles air basin" [J]. *Journal of Environmental Economics and management*, 2004, 47 (3): 559-584.

212. Sohngen, B., Mendelsohn, R., "Valuing the Impact of Large - Scale Ecological Change in a Market: The Effect of Climate Change on U.S. Timber" [J]. *The American Economic Review*, 1998, 88 (4): 686-710.

213. Solow, R. M. "Intergenerational Equity and Exhaustible Resources" [J]. *The Review of Economic Studies*, 1974, 41, 29-45.

214. Stavins, R. N. "The Costs of Carbon Sequestration: A Revealed-Preference Approach" [J]. *The American Economic Review*, 1999, 89 (4): 994-1009.

215. Stiglitz, J. "Growth With Exhaustible Natural Resources: Efficient and Optimal Growth Paths" [J]. *The Review of Economic Studies*, 1974, 41: 123-137.

216. Walker, W. R. "Environmental Regulation and Labor Reallocation: Evidence from the Clean Air Act" [J]. *The American Economic Review*, 2011, 101 (3): 442-447.

217. Wallace, K. J. "Classification of Ecosystem Services: Problems and Solutions" [J]. *Biological Conservation*, 2007, 139 (3-4): 235-246.

218. Weitzman, M. L. "Fat tails and the Social Cost of Carbon" [J]. *The American Economic Review*, 2014, 104 (5): 544-546.

219. Weitzman, M. L. "On modeling and interpreting the economics of catastrophic climate change" [J]. *The Review of Economics and Statistics*, 2009, 91 (1): 1-19.

220. Weitzman, M. L. "Prices vs. Quantities" [J]. *The review of economic studies*, 1974, 41 (4): 477-491.

221. Weitzman, M. L. "Tail-Hedge Discounting and the Social Cost of Carbon" [J]. *Journal of Economic Literature*, 2013, 51 (3): 873-882.

222. White, L. J. "US Automotive Emissions Controls: How Well Are They Working?" [J]. *The American Economic Review*, 1982, 72 (2): 332 -335.

223. Winchester, N., Rausch, S. "A Numerical Investigation of the Potential for Negative Emissions Leakage" [J]. *The American Economic Review*, 2013, 103 (3): 320-325.

224. Zivin, J. G., Neidell, M. "The Impact of Pollution on Worker Productivity" [J]. *The American economic review*, 2012, 102 (7): 3652-3673.

225. [美] 甘哈曼, 1984:《第四次浪潮》, 林怀卿译, 中国友谊出版公司。

226. [美] 汤姆·泰坦伯格, 2011:《环境经济学与政策》, 高岚等译, 人民邮电出版社。

227. 包群, 邵敏, 杨大利, 2013:《环境管制抑制了污染排放吗?》,《经济研究》第 12 期。

228. 蔡昉, 都阳, 王美艳, 2008:《经济发展方式转变与节能减排内在动力》,《经济研究》第 6 期。

229. 陈昌兵, 2014:《可变折旧率估计及资本存量测算》,《经济研究》第 12 期。

230. 陈昆亭, 龚六堂, 邹恒甫, 2004:《什么造成了经济增长的波动, 供给还是需求: 中国经注意的 RBC 分析》,《世界经济》第 4 期。

231. 陈昆亭, 龚六堂, 2004:《中国经济增长的周期与波动的研究》,《经济学 (季刊)》第 4 期。

232. 陈诗一, 2011:《边际减排成本与中国环境税改革》,《中国社会科学》第 3 期。

233. 高铁梅, 2014:《计量经济分析方法与建模——Eviews 应用及实例 (第二版)》, 清华大学出版社。

234. 郭庆旺, 贾俊雪, 2005:《中国全要素生产率的估算: 1979-2004》,《经济研究》第 6 期。

235. 国务院发展研究中心课题组, 2011:《国内温室气体减排: 基本框架设计》,《管理世界》第 10 期。

236. 黄赜琳，2005：《中国经济周期特征与财政政策效应———一个基于三部门 RBC 模型的实证分析》,《经济研究》第 6 期。

237. 黄赜琳，朱保华，2015：《中国的实际经济周期与税收政策效应》,《经济研究》第 3 期。

238. 林伯强，蒋竺均，2009：《中国二氧化碳的环境库兹涅茨曲线预测及影响因素分析》,《管理世界》，第 4 期。

239. 林伯强，李爱军，2012：《碳关税的合理性何在?》,《经济研究》第 11 期。

240. 刘凤良，吕志华，2009：《经济增长框架下的最优环境税及其配套政策研究———基于中国数据的模拟运算》,《管理世界》第 6 期。

241. 刘笑萍，张永正，长青，2009：《基于 EKC 模型的中国实现减排目标分析与减排对策》,《管理世界》第 4 期。

242. 卢洪友，许文立，2015：《中国生态文明建设的"政府-市场-社会"机制探析》,《财政研究》第 11 期。

243. 陆旸，郭路，2008：《环境库兹涅茨倒 U 型曲线和环境支出的 S 型曲线：一个新古典增长框架下的理论解释》,《世界经济》第 12 期。

244. 毛捷，管汉晖，林智贤，2015：《经济开放与政府规模———来自历史的新发现（1890-2009）》,《经济研究》第 7 期。

245. 汤维祺，吴力波，钱浩祺，2016,《从"污染天堂"到绿色增长———区域间高耗能产业转移的调控机制研究》,《经济研究》第 6 期。

246. 涂正革，谌仁俊，2015：《排污权交易机制在中国能否实现波特效应?》,《经济研究》第 7 期。

247. 王伟光，郑国光，2014：《应对气候变化报告 2014：科学认知与政治争锋》，社会科学文献出版社。

248. 吴力波，钱浩祺，汤维祺，2014：《基于动态边际减排成本模拟的碳排放权交易与碳税选择机制》,《经济研究》第 9 期。

249. 薛进军，赵忠秀，2015：《中国低碳经济发展报告（2015）》，社会科学文献出版社。

250. 杨继东，章逸然，2014：《空气污染的定价：基于幸福感数据的分析》，《世界经济》第 12 期。

251. 姚昕，刘希颖，2010：《基于增长视角的中国最优碳税研究》，《经济研究》第 11 期。

252. 张红凤，周峰，杨慧，郭庆，2009：《环境保护与经济发展双赢的规制绩效实证分析》，《经济研究》第 3 期。

253. 张健华，王鹏，2012：《中国全要素生产率：基于分省份资本折旧率的再估计》，《管理世界》第 10 期。

254. 张军，2002：《资本形成、工业化与经济增长：中国的转轨特征》，《经济研究》第 6 期。

255. 张军，章元，2003：《对中国资本存量 K 的再估计》，《经济研究》第 7 期。

256. 张征宇，朱平芳，2010：《地方环境支出的实证研究》，《经济研究》第 5 期。

后　记

——三年珞珈　十里樱花

　　博士毕业至今已过去五年，我仍然保持着博士期间的学习和研究初心与习惯。仿佛我只是换了一个格子间在攻读更广泛领域的博士学位一样。本书是我真正想为中国环境宏观经济学理论体系做出微薄贡献的起点，因此，我也希望本书能激发更多年轻研究者加入这个领域，共同推进中国经济学理论的发展。

　　三年珞珈情，十里樱花境。身处"世外樱园"，踱步于珞珈山道，品味着樱顶老图书馆的武汉大学历史，细细聆听着"十八栋"里传来"为中华之崛起而读书"的声音。

　　心怀这份初心，每每经过张培刚铜像前，不禁想起经济学大师的神来之笔。*Agriculture and Industrialization* 更是被张五常奉为发展经济学的开山之作："经济发展学说在 20 世纪五六十年代大行其道。谁是创始者有两种说法。一说起自 Nurkse 于 1953 年出版的 *Problems of Capital Formation in Underdeveloped Countries*；另一说起自我们的张培刚在哈佛大学获奖的博士论文，1949 年以 *Agriculture and Industrialization* 成书出版。今天回顾，从影响力的角度衡量，Nurkse 之作远为优胜。这是不幸的，因为这影响带来数之不尽的怪诞不经的理论。如果当年经济学界以张培刚的论文作为经济发展学说的基础，我们的眼界与思维早就有了长进。如今尘埃落定，我认为张大哥还是胜了。20 年来中国的惊人发展，是成功的农业工业化。大哥的思想早发晚至。"

中国崛起无疑是人类历史上自英国工业革命以来最为壮观的全球性历史事件。40 多年的超高速增长，使中国作为一个超级经济大国突然出现在地平线上，震撼了全世界。正如 Blanchard 所说：中国每天都会出现在新闻里。它已经越来越被当作世界最重要的经济力量之一。

不过，令人担忧的是，如此迅速的经济发展也带来了各种各样的问题与危机，其中，生态环境危机是最突出的问题之一。

此刻，Kneese 讨论的 "Pollution and Pricing" 问题仍在脑海里清晰可见。污染的外部性到底有多大？Greenstone 回答说："大到足以提高死亡率。" 那么，这必然要求采取措施治理污染。环境税和污染许可证作为环境经济学家的 "掌上明珠"，一直被 "呵护"，从未受 "冷落"，他们认为环境税和污染许可证产生的 "价格信号" 可以依靠市场机制自动使所有环境问题得到解决，因此，只要找到这个 "正确价格" 即可。

然而，萨缪尔森在其《经济学》中写道："市场机制无法对污染者进行适当的限制。厂商们既不会自愿地减少有毒化学物质的排放，也不会改变将有毒的废物倒入垃圾场的行为。控制污染一向被视为政府的合法职能。" 生态环境质量（通常用污染程度或者污染指数来表示）属于公共品，而且是最普惠的民生福祉。遵循公共事务治理之道，建立和完善中国的生态环境治理制度显得尤为重要。在这个过程中，政府扮演着重要角色。

但是，市场机制与政府机制真的就是非此即彼的关系吗？奥尔森在晚年提出了 "强化市场型政府"，他是为了解决 "既然市场无处不在，那为什么有的市场贫穷，有的达至繁荣" 的问题。在生态环境保护领域也是一样，市场减排机制优于政府减排机制，是否就说明不需要政府呢？答案是否定的，正如本书第八章的研究结果所示，政府为市场减排主体提供的激励能更大地发挥市场减排机制的作用，因此，繁荣的经济与优美的环境同样需要一个 "强化市场型政府"。中华大地的环境变迁史的逻辑在于：人口增长与集聚引发市场机制和政府机制的运行与影响，两种机制又内生地推动人口迁移，最终导致了环境变迁过程。

绿色低碳发展是经济社会发展全面转型的复杂工程和长期任务，不可能一蹴而就。习近平总书记强调："要坚持两手发力，推动有为政府和有效市场更好结合，建立健全'双碳'工作激励约束机制。"推动市场主体和社会各方主动护绿、增绿、谋绿，就需更进一步发挥政府的"指挥棒""牵引机"作用。

在我撰写毕业论文期间——2017 年 2 月 21 日，经济学家 Kenneth J. Arrow 去世了，享年 95 岁。除了社会选择理论（不可能性定理），让 Arrow 在经济学界封神的是"一般均衡理论"。Arrow 曾经对这个概念做过非常精妙的解释：经济体的运行是复杂的，和人体一样，牵一发而动全身。那么，从一个开放的观点来看，将经济系统看作一个开放的子系统与生态环境子系统相联系，无论是经济活动的变化，还是自然环境的变动，都会对彼此产生影响而形成一个整体。

环境如何与总体经济产生相互影响呢？Solow、Lucas、Prescott 和 Blanchard 等宏观经济学家为这一漆黑的道路提供了"路灯"。因此，当代主流宏观经济学的方法论为这一问题提供了十分有用的分析工具。而新凯恩斯主义的包容性使得该框架可以融入许多令人感兴趣的因素，从而将环境因素和环境政策引入 DSGE 框架成为可能，因此，环境宏观经济学可以被当作一个十分重要的推进方向。

西方经济学理论长期忽略生态环境与绿色发展的问题。而在中国，经济社会发展取得了令人瞩目的成就，其中最显而易见的就是我国经济保持了几十年的高速增长。在"坚持以经济建设为中心，不断解放和发展社会生产力"的指导思想下，中国经济持续、稳定发展，居民收入、生活水平逐步提高。中国推进改革开放的步伐没有因为取得了显著成绩而停滞。2013 年 11 月，党的十八届三中全会强调进一步全面深化改革，要实现以经济体制改革为主向全面深化经济、政治、文化、社会、生态文明体制改革的重大转变，改革开放在新时代开始呈现全面发力、多点突破、蹄疾步稳、纵深推进的局面，其中，绿色低碳发展与政策创新是题中应有之义。

中国经济快速发展和世界经济重心转移表明，中国在现代化道路上的探索尤其是对绿色低碳发展的探索为人类发展提供了新的模式，也为绿色低碳发展领域重大原创性理论突破提供了难得的历史性机遇。研究中国绿色低碳发展规律和理论的时机和条件已经成熟，迫切需要将中国绿色低碳发展问题研究上升到一般学科规律的理论层次，指导中国特色社会主义绿色低碳发展的伟大实践；迫切需要超越现代西方环境经济学的理论范畴和研究范式，提炼一套可实证、可拓展、可推广的规范性理论体系和研究范式，丰富人类绿色低碳发展科学理论体系；迫切需要构建原创性、可借鉴的中国特色社会主义市场经济与绿色低碳发展理论，为全球绿色低碳发展贡献中国智慧和中国经验。

我的"眼睛"比较小，而且"近视"，但幸运的是我遇到了一位视野极其开阔的博士研究生导师——卢洪友教授。卢老师以渊博的学识与开阔的视野带我领略了财政税收与国家治理历史变迁的绚丽与多彩；带我在经济发展变迁的历史长河中，认识到环境资源约束的危急与紧迫；带我在生态文明建设的制度研究中，明白了博士的责任与义务。对我同样重要的一位导师就是田淑英教授，她引领我进入财政与环境的研究领域。对两位导师的感恩之情无以言表，唯有谨记两位导师的谆谆教导，一生努力前行。此外，还要感恩父母，生我养我，供我读书，从他们那里我继承了踏实奋斗的品质。

谨以此书献给所有关心我的师长和朋友。

许文立

2022 年 12 月

图书在版编目（CIP）数据

推动绿色发展：中国环境宏观经济理论与政策研究／
许文立著.--北京：社会科学文献出版社，2022.12（2023.9 重印）
ISBN 978-7-5228-0972-4

Ⅰ.①推…　Ⅱ.①许…　Ⅲ.①绿色经济-经济发展-
研究-中国　Ⅳ.①F124.5

中国版本图书馆 CIP 数据核字（2022）第 198459 号

推动绿色发展：中国环境宏观经济理论与政策研究

著　　　者／许文立

出 版 人／冀祥德
组稿编辑／任文武
责任编辑／郭　峰
文稿编辑／程亚欣
责任印制／王京美

出　　　版／社会科学文献出版社·城市和绿色发展分社（010）59367143
　　　　　　地址：北京市北三环中路甲 29 号院华龙大厦　邮编：100029
　　　　　　网址：www.ssap.com.cn
发　　　行／社会科学文献出版社（010）59367028
印　　　装／三河市龙林印务有限公司

规　　　格／开 本：787mm×1092mm　1/16
　　　　　　印 张：12.25　字 数：187 千字
版　　　次／2022 年 12 月第 1 版　2023 年 9 月第 2 次印刷
书　　　号／ISBN 978-7-5228-0972-4
定　　　价／88.00 元

读者服务电话：4008918866